改訂第2版

保育・幼児教育シリーズ

# 環境の指導法

若月芳浩 編著

玉川大学出版部

# 保育・幼児教育シリーズ 改訂第2版にあたって

**幼稚園教育要領，保育所保育指針，
幼保連携型認定こども園教育・保育要領改訂（改定）のポイント**

　玉川大学出版部の保育・幼児教育シリーズ改訂第2版は，2018（平成30）年施行の幼稚園教育要領，保育所保育指針，幼保連携型認定こども園教育・保育要領（以下，3文書）の改訂（改定）を受け，本シリーズをリニューアルするものです。そこで，シリーズのうち改訂第2版となる5巻の冒頭に，共通にこの3文書改訂（改定）のポイントを簡潔に記します。その趣旨は，改訂（改定）のポイントを示すことで，どこが変わったのかの全体像を概略的に理解するためのものです。そのため，その内容の詳細等は，それぞれの要領・指針の原文で確認してください。
　改訂第2版の事例等に関しては，初版の内容を生かしたものです。

## 1　3文書同時改訂（改定）── 3施設に共通の幼児教育機能

　今回の大きなポイントは，3文書を同時に改訂（改定）したことにあります。そして，その基本的な内容の整合性をはかり，できるだけ同一のものにする方向性を模索したことにあります。それは，幼稚園，保育所，幼保連携型認定こども園は，文部科学省，厚生労働省，内閣府とそれぞれ管轄部署が異なり，法体系も異なります。そのため，幼稚園が学校（幼児教育施設）であるのに対して，保育所は児童福祉施設です。本来，同じ幼児期の子どもへの教育機能は共通であるべきとの考えから，3つの施設は同じ幼児教育機能を有するものとして改訂（改定）が行われました。
　幼稚園，保育所，幼保連携型認定こども園には，同じ幼児教育機能があるということであり，すべての施設において，幼児期の遊びを通した総合的な指導の教育（保育）がその後の小学校以降の教育につながっていくという構造になります。

## 2 幼稚園教育要領の改訂のポイント

### (1) 学習指導要領改訂との関連性

　今回の改訂は，学校教育全体の改訂に位置付けられるものです。それは，2016（平成28）年の中央教育審議会答申「幼稚園，小学校，中学校，高等学校及び特別支援学校の学習指導要領等の改善及び必要な方策等について（答申）」を踏まえた改訂となります。

　そこには，資質能力の一層確実な育成と「社会に開かれた教育課程」の重視等の今回の改訂の基本的な考え方に加え，育成を目指す資質・能力の明確化，「主体的・対話的で深い学び」（いわゆるアクティブ・ラーニング）の実践に向けた授業改善の推進，各学校におけるカリキュラム・マネジメントの推進，伝統や文化，幼小接続など現代的な諸課題等に対応した教育内容の充実が掲げられています。

　この学習指導要領の改訂の中に，幼稚園教育要領改訂が位置付けられます。ここでは，以下，３つのポイントについて取り上げます。

### (2) 幼児教育で育みたい資質能力の明確化

　今回の改訂では，幼児教育で育みたい資質能力として，「知識・技能の基礎」「思考力・判断力・表現力等の基礎」「学びに向かう力，人間性等」の３つを明示しています。それは，小学校以上の３つの資質能力と連続性を持ったものととらえられます。そして，これまで同様の５領域（健康，人間関係，環境，言葉，表現）を踏まえ，遊びを通しての総合的な指導により一体的に育むことが示されました（図0−1）。

| 小学校以上 | 知識・技能 | 思考力・判断力・表現力等 | 学びに向かう力・人間性等 |
|---|---|---|---|

※下に示す資質・能力は例示であり，遊びを通しての
総合的な指導を通じて育成される。

**幼児教育**

〈環境を通して行う教育〉

**知識・技能の基礎**
（遊びや生活の中で，豊かな体験を通じて，
何を感じたり，何に気付いたり，何が分かったり，
何ができるようになるのか）

- ●基本的な生活習慣や
生活に必要な技能の獲得
- ●身体感覚の育成
- ●規則性，法則性，関連性等の発見
- ●様々な気付き，発見の喜び
- ●日常生活に必要な言葉の理解
- ●多様な動きや芸術表現のための
基礎的な技能の獲得　等

**思考力・判断力・表現力等の基礎**
（遊びや生活の中で，気付いたこと，できるように
なったことなども使いながら，どう考えたり，
試したり，工夫したり，表現したりするか）

- ●試行錯誤，工夫
- ●予想，予測，比較，分類，確認
- ●他の幼児の考えなどに触れ，
新しい考えを生み出す喜びや楽しさ
- ●言葉による表現，伝え合い
- ●振り返り，次への見通し
- ●自分なりの表現
- ●表現する喜び　等

**遊びを通しての
総合的な指導**

- ●思いやり　●安定した情緒　●自信
- ●相手の気持ちの受容　●好奇心，探究心
- ●葛藤，自分への向き合い，折り合い
- ●話合い，目的の共有，協力
- ●色・形・音等の美しさやおもしろさに対する感覚
- ●自然現象や社会現象への関心　等

**学びに向かう力・人間性等**
（心情，意欲，態度が育つ中で，いかによりよい生活を営むか）

・3つの円の中で例示される資
質・能力は，5つの領域の「ね
らい及び内容」及び「幼児期の
終わりまでに育ってほしい姿」
から，おもなものを取り出し，
便宜的に分けたものである。

◎文部科学省「幼児教育部会における審議の取りまとめ（平成28年8月26日）」より引用

図0-1　幼児教育において育みたい資質・能力

## （3）幼児期の終わりまでに育ってほしい姿と幼小接続の推進

　さらに，今回の改訂では幼児期の終わりまでに育ってほしい姿を示しています。これは，「健康な心と体」「自立心」「協同性」「道徳性・規範意識の芽生え」「社会生活との関わり」「思考力の芽生え」「自然との関わり・生命尊重」「数量や図形，標識や文字などへの関心・感覚」「言葉による伝え合い」「豊かな感性と表現」であり，「10の姿」とも言われますが，5領域の中からくくりだされたものです（表0-1）。

表0-1　幼児期の終わりまでに育ってほしい姿と5領域の関連

| 5領域 | 10の姿 |
|---|---|
| ①健康 | 健康な心と体 |
| ②人間関係 | 自立心 |
| | 協同性 |
| | 道徳性・規範意識の芽生え |
| | 社会生活との関わり |
| ③環境 | 思考力の芽生え |
| | 自然との関わり・生命尊重 |
| | 数量や図形，標識や文字などへの関心・感覚 |
| ④言葉 | 言葉による伝え合い |
| ⑤表現 | 豊かな感性と表現 |

　そして，この幼児期の学びの具体的な姿である10の姿を通して，小学校と共有されるよう工夫，改善を行うことが求められています。小学校学習指導要領にも，「幼児期の終わりまでに育ってほしい姿を踏まえた指導を工夫する」のほか，「小学校入学当初においては，幼児期において自発的な活動としての遊びを通して育まれてきたことが，各教科等における学習に円滑に接続されるよう，生活科を中心に，合科的・関連的な指導や弾力的な時間割の設定など，指導の工夫や指導計画の作成を行うこと」とあります。

　つまり，今回の改訂では，遊びによる総合的指導を通しての小学校との学びの連続性が強調されているのです。そのため，これまでに述べた

３つの資質能力，５領域，10の姿を踏まえ，より質の高い幼児教育を行うためのカリキュラム・マネジメントが求められています。

### （４）現代的な諸課題を踏まえた教育内容の見直し

　幼児教育の重要性として掲げられる自己制御や自尊心などの非認知能力の重要性など，現代的な諸課題を踏まえた教育内容の見直しに加え，預かり保育や子育て支援の充実など保護者や地域に幼稚園のはたらきを開いていくことなどが示されました。

## 3　保育所保育指針の改定のポイント

### （１）乳児・１歳以上３歳未満児の保育に関する記載の充実

　乳児から２歳児くらいの時期は心身の発達の基盤が形成される重要な時期であると同時に，生活や遊びを通して主体的に周囲の人や物に興味を持ちかかわっていく姿は，「学びの芽生え」であると考えられることを踏まえ，３歳未満児の保育の意義を明確化し，その内容について一層の充実を図ることが今回の改定の大きなポイントです。

　その背景には，保育所入所希望者が増大し，３歳未満児の保育の定員が大きく増えたことがあります。また，３歳未満児の発達上の特徴などを踏まえ，３歳以上児と区別して記述する必要性があったこともその理由です。そして，乳幼児期に自尊心や自己制御などの非認知能力の育成が人間の一生の成長において重要であることも背景にあります。

### （２）幼児教育の積極的な位置づけ

　今回の改定は，保育所保育も幼稚園教育と同じ幼児教育機能があることが示されました。それは，従来の知識偏重の教育ではなく，資質能力を育てる学校教育全体の改革の一端を保育所も担うことになったことを意味するのです。

　保育指針においては，従来通り，子どもが現在を最も良く生き，望ま

しい未来をつくり出す力の基礎を培うために，環境を通して養護及び教育を一体的に行うという記述がなされています。この記述をより一層充実させることが重要です。指針には「主体的・対話的で深い学び」や「カリキュラム・マネジメント」という用語は使用されていませんが，その意図は関連個所に含まれています。

### （3）健康及び安全についての記載の見直し

　家庭や地域における子どもの育ちをめぐる環境の変化を踏まえ，一人ひとりの健康状態や発達の状態に応じて，子どもの健康支援や食育の推進が求められています。また，アレルギー疾患への対応や事故防止等に関して，保育所内での体制構築が求められているのです。さらに，東日本大震災以降の自然災害等の状況を勘案し，子どもの生命を守るための危機管理体制等も求められます。これらを踏まえ，健康及び安全に関する記載内容の見直しと，さらなる充実を図る方向性で記述されています。

### （4）保護者・家庭及び地域と連携した子育て支援

　2008年改定で「保護者に対する支援」として位置付けられた章を「子育て支援」として改めた上で，記載内容の整理と充実が図られています。それは，子育て家庭への支援の必要性が高まる中で，多様化する保育ニーズに応じた保育，特別なニーズを有する家庭への支援，児童虐待の発生予防及び発生時の迅速かつ適切な対応などが求められることが背景にあります。

　また，地域で子育て支援に携わる他の機関や団体など様々な社会資源との連携や協働を強めることで，子育て支援の充実が求められています。

### （5）職員の資質・専門性の向上

　保育所において特に中核的な役割を担う保育士をはじめ，職員の研修機会の確保と充実を図ることが重要な課題としてあげられています。そして，施設長の役割及び研修の実施体制を中心に，保育所において体系

的・組織的に職員の資質向上を図っていくための方向性や方法等を明確化しました。

## 4 幼保連携型認定こども園教育・保育要領の改訂のポイント

幼保連携型認定こども園教育・保育要領の改訂においては，幼稚園教育要領および保育所保育指針との整合性に加え，特に配慮すべき事項として，以下の事項の充実を図っています。

・満3歳以上の新園児や他の保育施設から移行してくる子どもへの配慮。
・異年齢の子どもがかかわる機会を生かした多様な経験や園児同士の学び合いができるような工夫。
・在園時間が異なる子どもがいることへの配慮。
・長期休業中の子どもたちへの体験の差への配慮。
・多様な生活形態の保護者が在園していることへの配慮や，地域における子育て支援の役割等，子育ての支援に関する内容の充実。

2018年10月

保育・幼児教育シリーズ執筆者代表

大豆生田啓友・若月芳浩

## 参考文献

◎汐見稔幸・無藤隆監修，ミネルヴァ書房編集部編『〈平成30年施行〉保育所保育指針 幼稚園教育要領 幼保連携型認定こども園教育・保育要領　解説とポイント』ミネルヴァ書房，2018年
◎厚生労働省「保育所保育指針」2018（平成30）年
◎内閣府「幼保連携型認定こども園教育・保育要領」2018（平成30）年
◎文部科学省「幼稚園教育要領」2018（平成30）年

# はじめに

　子ども・子育て関連３法の改正に伴い，2015（平成27）年度から始まった「子ども・子育て支援新制度」は，地域の子育てのみならず，幼児教育・保育を取り巻く社会的変化の時を迎えることになった。少子・高齢化の流れと人口減少の現状は，これからの日本の未来に対して好ましくない状況を迎える可能性がある。国は，この少子化と人口の減少に少しでも歯止めをかけるために法改正やシステムの変更を行ってきた。その具体的な成果が出るにはかなり時間がかかることと思われるが，そのスタートの時期を迎えたのである。

　現行の「幼稚園教育要領」「保育所保育指針」さらに幼保連携型認定こども園に対する「教育・保育要領」は，時代の流れに応じた長時間保育に対する配慮や教育・保育，養護の視点を重視した内容として展開されている。このような時代の趨勢によって子どもを育てる環境が少しでもよくなるように願うことは，保護者にとっても保育者にとっても自明の理である。子どもが育つための法律や制度がどのように変化しても，変わってはならない重要なことが多くある。特に子どもにとっての生活や遊びの環境は，都市化や遊び場の減少等があったとしても，子どもの発達に必要な環境として変化してはならない面が多くある。

　本書は５領域の中でも乳幼児の発達にとって大切にしなければならない「環境」の領域について学ぶことを目的に作成された。さらに一貫して子どもの育つ姿をできるだけ見えやすくするために，可能な範囲で事例を多く取り入れた。また，園で必要とされる環境のあり方や，その中で展開される遊びの方向性や，子どもの育ちについてできるだけ理解しやすいように工夫してある。各章をしっかり学ぶことによって，５領域の位置づけとしての環境の領域の子どもにとっての意義や，その重要性を理解してほしい。さらにその理解を具体的な実践として子どもの日々の生活や遊びに展開することが可能となっている。特に各章で掲げている課題を自ら学習することによって，学びの深まりと広がりにつながるように構成している。各章の課題をしっかりと読み取り，対応することによって一層の学びを深めてほしい。そのことが保育実践に関する自己

の向上と環境に関する理解の深まりになると考えている。

　子どもを預けるだけの保育や長時間の保育がますます増加傾向にある中で，子どもにとって掛け替えのない大切で貴重な時を丁寧に考える保育を実現することが，子どもの育ちを大切に考える時代の流れとして求められているのである。目に見える成果のみを求める保育が蔓延しつつある中，環境による教育はひじょうに目に見えにくいだけでなく，その成果も即効性のあるものではない。幼児教育・保育の特性をしっかりととらえた上で，環境と深く関わることによる学びの質や保育のあり方をしっかり理解できる保育者が社会の流れをつくることを願っている。本書が専門性の高い保育者としての学びの一助になれば幸いである。

　　　　　　　　　　　　　　　　　　　　　　編著者　若月芳浩

保育・幼児教育シリーズ改訂第2版にあたって……………………………………… iii
はじめに……………………………………………………………………………… xi

# 第1章 保育の基本と環境

第1節　保育の基本とは ………………………………………………………………  1
第2節　環境を通して行う教育とは …………………………………………………  6
第3節　幼稚園教育要領，保育所保育指針及び
　　　　幼保連携型認定こども園教育・保育要領における
　　　　環境の領域の位置づけ ……………………………………………………… 13
第4節　環境の領域の実際 …………………………………………………………… 20

# 第2章 領域「環境」とは

第1節　領域とは ……………………………………………………………………… 25
第2節　「ねらい」とは ……………………………………………………………… 29
第3節　「ねらい」の設定及び内容の展開の実際 ………………………………… 38

# 第3章 領域「環境」の指導

第1節　領域「環境」における保育者の指導とは ………………………………… 49
第2節　領域「環境」の指導の実践例 ……………………………………………… 56

## 第4章 領域「環境」の内容

第1節 自然環境 ……………………………………………… 81
第2節 社会環境 ……………………………………………… 91
第3節 遊びと環境 …………………………………………… 98

## 第5章 領域「環境」の保育計画

第1節 動植物との関わり …………………………………… 109
第2節 人と植物との関わり ………………………………… 120
第3節 数量との関わり ……………………………………… 131
第4節 園と地域社会との関わり …………………………… 140

## 第6章 領域「環境」のデザイン＝環境構成

第1節 「環境構成」のデザインを決める基本コンセプト…………… 153
第2節 就学前教育と小学校教育の連携を環境構成から見る ……………… 160
第3節 連携プログラムを環境構成の視点から見る ………………… 165
第4節 保育の質を環境構成の視点から見る ……………………… 177

## 第7章 領域「環境」の現代的課題

第1節 遊び環境空間としての保育の場の課題 ………………………… 185
第2節 乳幼児期のカリキュラムの中核として「環境」をとらえる………… 190

# 第1章 保育の基本と環境

環境の領域は，保育の本質や基本に関連する領域としての位置づけがある。子どもの生活や遊びは，その環境によって支配される面が多くある。園やクラス等の環境の構成は目に見えやすい部分であるが，保育者の意図や子どもの取り組みやその価値については実際には目に見えにくい部分がある領域である。大切なことは，環境を通しての教育の価値とその意義をしっかり理解した上で保育を考えることである。

子どもの日々の生活の場や遊びの環境を整えた中で，子どもが主体的に環境に関わる姿や遊びに没頭する姿は保育者にとってもたいへん嬉しい状況である。環境構成と指導計画の関係等についてもしっかりと理解を深め，保育の質に関連する，この領域の重要性について具体的に学ぶことを大いに期待する。

## 第1節 保育の基本とは

　就学前の乳幼児を対象とする「保育」とは，その生存を保障するための「養護」(care)と心身の健全な成長・発達を助長する「教育」(education)が一体となった用語として明治時代から正式に使われている。その出発は1876(明治9)年の東京女子師範学校附属幼稚園においてであり，また1947(昭和22)年の児童福祉法の制定によって，託児所から保育所という名称が用いられることとなった。保育とは，その対象の幼さと養護を必要とすることや，教育的要素を含む用語として一般化し，昨今は教育と保育の用語や意義について議論はあるものの，歴史的に重要な意味をもつとして，「保育」という言葉を活用している。

　教育educationは英語では本来，引き出すことや導き出すことを意味しており，日本語の意味では，教えはぐくむこととしてとらえられるが，それが具体的に意味する現実は様々である。「教える」ことに主眼がおかれることによって，自ら育つ力を阻害することもある。逆に，本人の育つ力を信じ，大切にすることも重要なことであるが，教師不在のように放任の状態になってしまい，教え導くことが減少することで，子どもが戸惑いや不安をもつようなこともある。つまり，教育の最も重要なこ

# 第1章 保育の基本と環境

とは，教える教師の立場と育つ子どもの立場の両方を大切にする営みなのである。そのバランスをどのようにとるかが重要な鍵となる。

保育の用語の中に含まれる意味合いにも，養護的要素も重要であるが，はぐくむことについて，大人が将来必要であると思う保育内容を教えることに主眼がおかれているような傾向があることも否めない。そのような過ちが起きないように，子どもの発達の原則や保育の基本をしっかり理解し，子どもの就学までの育ちを保障しなければならないのである。

昨今の幼稚園・保育所・認定こども園の中には「教育」と称して幼児期にふさわしくないような保育を実践している園もあり，そのような園が保護者から人気がある等，誤った教育を重視する風潮がある。誤った実践にならないためにも，保育の基礎・基本をしっかり学び，乳幼児の保育にとって必要なことをきちんと身に付ける必要がある。

では，その基本とは何か。保育内容の指導を考える上でとても重要なことである。その根幹となる教育基本法から見ていくこととする。

---

**教育基本法**
（幼児期の教育）
第 11 条　幼児期の教育は，生涯にわたる人格形成の基礎を培う重要なものであることにかんがみ，国及び地方公共団体は，幼児の健やかな成長に資する良好な環境の整備その他適当な方法によって，その振興に努めなければならない。
（下線は筆者）

---

2006（平成 18）年に一部改正された教育基本法においては，上記の文言によって幼児期の教育の重要性が明確に位置づけられている。「生涯にわたる人格形成の基礎」とは，幼児教育や保育を考えるために最も重要な意味をもっている。人格とはその人固有のパーソナリティーを示し，生得的な気質としてもっている場合もあれば，育てられた養育環境による相違や，社会文化環境等の要因もある。特に幼児期の親の教育のあり方や環境は子どもの人格形成を支配する傾向があり，その時期に育てられた人格の基礎は，将来の人としての生き方にも多大なる影響が残るのである。よって，昨今の社会的問題となっている虐待や家庭の崩壊，貧困等が乳幼児期の子どもの人格形成に多大なる影響を与えていることを考えると，この教育基本法の文言は時代を超えて変わらない価値あるものとして，最も重要視され，保障されなければならないのである。

「幼児の健やかな成長に資する良好な環境の整備」は，上記の人格的な基礎を形成する，最も重要な時期の周囲の大人の配慮の大切さを示し

ている。子どもの成長を丁寧に見守り，はぐくむのは親や親に代わる第三者の重大な責務である。これは，各個人の家庭だけでなく，幼稚園や保育所はもとより，国や地方公共団体における行政の役割としても重要なのである。子ども・子育て関連3法の改正は，まさにこれからの子育てや保育の方向に対して大きな変革をもたらしており，このような契機に，子どもの育ちを丁寧に探り，不利益な状況にある子どもの教育や保育に具体的な対応が図られる必要がある。

　学校教育法において，幼稚園は学校としての位置づけが明確にされ，義務教育以前の最も重要な教育としてとらえられている。第3章の抜粋から基本的内容について概観する。

---

**第3章　幼稚園**

第22条　幼稚園は，<u>義務教育及びその後の教育の基礎を培うものとして，幼児を保育し</u>，幼児の健やかな成長のために<u>適当な環境を与えて</u>，その心身の発達<u>を助長すること</u>を目的とする。

第23条　幼稚園における教育は，前条に規定する目的を実現するため，次に掲げる目標を達成するよう行われるものとする。

1　健康，安全で幸福な生活のために必要な基本的な習慣を養い，身体諸機能の調和的発達を図ること。

2　集団生活を通じて，喜んでこれに参加する態度を養うとともに家族や身近な人への信頼感を深め，自主，自律及び協同の精神並びに規範意識の芽生えを養うこと。

3　身近な社会生活，生命及び自然に対する興味を養い，それらに対する正しい理解と態度及び思考力の芽生えを養うこと。

4　日常の会話や，絵本，童話等に親しむことを通じて，言葉の使い方を正しく導くとともに，相手の話を理解しようとする態度を養うこと。

5　音楽，身体による表現，造形等に親しむことを通じて，豊かな感性と表現力の芽生えを養うこと。

第24条　幼稚園においては，第22条に規定する目的を実現するための教育を行うほか，幼児期の教育に関する各般の問題につき，保護者及び地域住民その他の関係者からの相談に応じ，必要な情報の提供及び助言を行うなど，家庭及び地域における幼児期の教育の支援に努めるものとする。

第25条　幼稚園の教育課程その他の保育内容に関する事項は，第22条及び第23条の規定に従い，文部科学大臣が定める。

第26条　幼稚園に入園することのできる者は，満3歳から，小学校就学の始期に達するまでの幼児とする。

（下線は筆者）

---

　「義務教育及びその後の教育の基礎」とは，先に見た教育基本法の趣旨に則り，その人格の根幹を形成する時期がいかに重要であるかということを，また就学前教育のあり方が，義務教育課程である小学校や中学校の学習への取り組みや学びの基礎を形成することを意味している。さらにその後の教育とは，高等教育に至るまでの長期的視野に立っても，

# 第1章 保育の基本と環境

　その重要性を示しているのである。人間が生きていく上で、最も重要な時期が幼児期なのである。幼稚園教育の役割をしっかり理解する必要がある。

　「幼児を保育し」とは、「保育」という用語の意味をここで的確に活用している。養護と教育の一体化した言葉として、「教育」ではなく、「保育」を使ったことは、幼児教育の根本である「保育」という言葉のもつ大切な部分を意識することが求められている。さらにその方法論として「適当な環境を与えて」と示されている。幼児期の子どもに必要な環境は、その個々の子どもにとってふさわしい環境でなくてはならないことは言うまでもない。この文言にはあえて「適当な環境」という言葉が使われている。「適当」とは、そもそもある状態や目的等にほどよく当てはまる意味と、その場に合わせて要領よくやることや、いい加減といった意味を含んでいる。ここで使う適当とは、対象が幼児であることから、その個々の子どもの状態や心持ちによく当てはまるという意味合いで使われている。「適切」を使うとすれば、ぴったりと当てはまることを要求されるため、柔軟性や応用性に欠ける可能性も否めない。そのような意味合いからも、「適当な環境」という言葉を使用しているのである。その子どもにとってふさわしい環境をいかに形成することができるか、そこに焦点が当てられなければならないし、保育者は個々の子どもへの理解が要求されるのである。

　「心身の発達を助長する」ことが目的とされている。この文脈の中で特に意識しなければならないことは、助長することの意味合いである。子どもの発達は本来個の成長のプロセスをゆっくりと歩むものである。しかし、世の中には子どもの育ちや意思、思い等とは別に、大人が必要と思う教育や育ちを子どもに当てはめようとする流れがあることも否めない。本来乳幼児期の子どもは、その興味や関心に基づいて主体的に行動したり、個々のもつ能動性を発揮し、環境と関わりながら発達に必要な経験を積み重ねていったりするものである。そう考えると、大人が発達の先回りをしたり、発達を早く促すような方法は子どもには適さない。子どもが育つ姿を丁寧に見極め、大人はあくまでも手助けをする立場で子どもに接することが要求されているのである。余計なことやおせっかいな大人の行動は、ときに心身の発達に悪影響を与えること、またそのような保育や教育は、心身の発達を阻害することになることも考える必要がある。

　第23条の5つの項目は、保育内容の5領域にもひじょうに関連した

目標として掲げられている。目標とは，学校教育法の目的を実現するための具体的な手だてとしての目標であり，目的と目標は相互に関連しており，各幼稚園等で掲げている園の教育・保育目標とも関わる必要がある。本稿では環境の領域に関連する第3項をとりあげておきたい。

> 3　身近な社会生活，生命及び自然に対する興味を養い，それらに対する正しい理解と態度及び思考力の芽生えを養うこと。

　この目標は環境の領域の目指す「周囲の様々な環境に好奇心や探究心をもって関わり，それらを生活に取り入れていこうとする力を養う」（幼稚園教育要領）ことに強く関係している。幼児期は教えられる時期ではなく，子ども自らが見たり聞いたりする体験的な場を大切にしなければならない。特に社会的な生活は，身近なものである必要があり，特殊な場を用意するのではなく，生活圏の中にある小さな出来事に目を向ける必要がある。小さな出来事の積み重ねがあって初めて子どもはその環境に対する興味や関心をもつようになり，それがまた，その内容や仕組み等について具体的に学ぶ機会となる。

　また，そうした自然の中にある出来事，驚きの場面や不思議さに出合い，何度も繰り返し見聞きする中から興味や関心が芽生え始め，大人や保育者の共感的な関わりを得ること等を通して徐々に養われていくプロセスを歩み始める。そのことが積み重なることで，正しい理解に結びつき，関わり方の態度や思考に対する芽生えがはぐくまれるのである。つまり，正しい知識や態度を押しつけるのではなく，日々の体験から芽生えてくる小さな出来事に目を向けて，その興味や関心を育てることがこの目標を達成するために必要な大人の配慮なのである。

　学校教育法における幼児期の教育は，各領域や環境の領域に対する大きな視点からの目的や目標を的確に示していることから，幼児期の育ちを大切にするための最も基本的なこととしてしっかり理解する必要がある。

# 第1章 保育の基本と環境

## 第2節 環境を通して行う教育とは

### 1 幼稚園教育要領における保育の基礎・基本

幼稚園教育要領における幼稚園教育の基本は以下のとおりである。

---

**第1章　総則**
**第1　幼稚園教育の基本**
　幼児期の教育は，生涯にわたる人格形成の基礎を培う重要なものであり，幼稚園教育は，学校教育法に規定する目的及び目標を達成するため，幼児期の特性を踏まえ，<u>環境を通して行うものであることを基本とする</u>。
　このため教師は，<u>幼児との信頼関係</u>を十分に築き，幼児が身近な環境に主体的に関わり，環境との関わり方や意味に気付き，これらを取り込もうとして，試行錯誤したり，考えたりするようになる幼児期の教育における見方・考え方を生かし，幼児と共によりよい<u>教育環境を創造する</u>ように努めるものとする。これらを踏まえ，次に示す事項を重視して教育を行わなければならない。
1　幼児は<u>安定した情緒の下で自己を十分に発揮する</u>ことにより発達に必要な体験を得ていくものであることを考慮して，幼児の<u>主体的な活動</u>を促し，<u>幼児期にふさわしい生活</u>が展開されるようにすること。
2　幼児の<u>自発的な活動</u>としての遊びは，心身の<u>調和</u>のとれた発達の基礎を培う重要な学習であることを考慮して，遊びを通しての指導を中心として第2章に示す<u>ねらいが総合的に達成される</u>ようにすること。
3　幼児の発達は，心身の諸側面が相互に関連し合い，多様な経過をたどって成し遂げられていくものであること，また，幼児の生活経験がそれぞれ異なることなどを考慮して，<u>幼児一人一人の特性に応じ</u>，発達の課題に即した指導を行うようにすること。
　その際，教師は，幼児の主体的な活動が確保されるよう幼児一人一人の行動の理解と予想に基づき，<u>計画的に環境を構成</u>しなければならない。この場合において，教師は，幼児と人やものとの関わりが重要であることを踏まえ，教材を工夫し，<u>物的・空間的環境を構成</u>しなければならない。また，幼児一人一人の活動の場面に応じて，様々な役割を果たし，その活動を豊かにしなければならない。
　　　　　　　　　　　　　　　　　　　　　　　　　　　　　　（下線は筆者）

---

　幼稚園教育要領における幼児期の保育の基礎・基本を知ることは，各領域を学ぶことにおいてひじょうに重要なこととなる。前述した教育基本法・学校教育法の理念や目的・目標を日々の保育の具体的な教育課程や指導計画に織り込み，園としての理念の形成のためにしっかりと理解しておく必要がある。特にこの総則は，国が定めた教育・保育のあり方についての根幹をなすものであり，保育に携わる園の教職員は確実に理解しなければならない。この幼稚園教育要領を遵守することは，各園の責務であり，子どもの育ちを大切にするために欠かせない要素である。

環境による教育とは，保育の基本となる重要事項である。教育・保育の本来の意味は，子どものもつ能力や興味関心をはぐくむために，子どもの発達に必要な原理として，その主体的活動や能動的な活動を大人が保障することから始まる。その原理から考えると「環境を通して行うものであることを基本とする」という言葉は，子どもの発達を助長することや，援助するために大人の指示や指導だけで成立するのではなく，子ども自らが主体となって環境に関わる力を大切にすることが求められているのである。この「環境」は，広義には社会生活全般を意味し，狭義においては家庭や園生活における子どもを取り巻く環境を示している。保育者は，環境のもつ重要性と意味をしっかりと把握し，教育の方法論として環境を活用することが望まれているのである。

　教育・保育が成立するための最大要因は，この「幼児との信頼関係」に尽きる。保護者から離れて生活をする子どもにとって，保育者との信頼関係の形成は最も重要視されなければならないものである。信頼関係の形成のためには，子どもにとっての安心感を鍵に，子どもが常に安定している必要がある。保育者は個々の子どもとの関係性の成立を意識して，子どもの要求や内面の理解の積み重ねの中から，信頼を十分に築くことが教育・保育の礎となることを忘れてはならない。

　子どもは自立した存在であると同時に，意思をしっかりもった大切な個人である。また，保育者にも教育・保育に対する信念や思いがある。立場の違いこそあれ，子どもとの生活や遊びを日々形成する立場にある保育者は，子どもと「教育環境を創造する」ことに努めなければならない。保育者が自分の思いや意思だけで環境を構成し，子どもを追い込む「追い込み型」の環境構成になっては，子どもの主体性や思いが尊重されなくなる可能性が高い。創造するとは，子どもとの協同作業を通して，子どもと保育者の双方がつくり上げていくものである。その場合の環境構成は「生み出し型」の環境構成となる。

　以上のような基本に対する考え方を踏まえた上で，その実現のために３つの事項を重視して教育を行わなければならないのである。その中でも子どもの内面の重視は次の言葉に象徴される。「安定した情緒の下で自己を十分に発揮する」。幼児は，常に安心感や安定感をもって生活できる基盤が必要となる。そのベースは当然家庭にあるが，保護者と離れた園生活の中でも安定した情緒が求められる。そのためには家庭の延長線として，保育者と子どもとが信頼関係を築くことで，園でも同様の安定感が生まれてくる。子どもが自分らしい姿を表現するための大前提と

# 第1章 保育の基本と環境

して，安定した情緒は最も重要な要素である。そのことが自己発揮につながるのである。逆に情緒が安定しないような状況下の子どもは自己を十分に発揮できないために，発達に必要な経験の積み重ねが困難となり，日々の充実した園生活を過ごすことがむずかしくなる場合がある。

「主体的な活動」とは，子どもの興味関心を重視した最も重要な保育の原理である。子どもは常に興味関心にあふれ，今を大切に生きている。後先を考えず自身の興味関心に基づいた遊びを中心に生活を充実させたいと常に思っている。そのような幼児の実態をしっかり理解することが，この主体的な活動を生かすことになるのである。

子どもの主体性を大切にした保育は，子どもにとってそのこと自体が「幼児期にふさわしい生活」になる。幼児の発達をしっかり理解し，主体性を大切にした保育のあり方を実現するためには，おのずと「自発的な活動としての遊び」が必要になってくる。遊びは子どもにとっての目的そのものであり「調和のとれた発達」のためには最も重要なことである。特に幼児期の発達の特性から考えると，ある一つの技術や能力を身に付けるための教育・保育ではなく全人格的な発達を促すためには，遊びを中心にした幼稚園生活が最も必要とされ，特殊な技能等を指導することについては調和的な発達に対して否定的な方法であることを認識しなければならない。

以上のようなことから考えると，幼児期のねらいは個別の技能や能力を対象としたものではなく，「ねらいが総合的に達成される」ようなあり方が求められており，それを実現する方法が遊びや環境による教育なのである。この基本から外れたような教育や保育のあり方は，子どもの発達を阻害する可能性もあるので，このことを保育に関係する人は必ず意識しなければならないのである。

「幼児一人一人の特性に応じ」ることは上記の教育・保育のあり方を考える際に特に必要な考え方である。生活経験や遊びの体験の違い，また個々の子どもの特性は，その子どもにしかない唯一無二の個性なのである。その個性を大切にした上で，発達の課題を個々に確認・理解して保育を行うためには，子どもについての理解とその要求やニーズに的確に応える必要がある。その要求に応えることが保育者の重要な責務であると同時に，保育者に必要な配慮である。そのためにも保育者は「計画的に環境を構成」することが大切になり，各園における教育課程の編成や子どもの発達にふさわしい指導計画が作成されなければならないのである。それに加えて，具体的な保育室のあり方についても留意すべき点

がある。「物的・空間的環境を構成」することが具体的な指導計画に反映され，日々の保育の中に大切に織り込まれなければならない。

　以上のような基本的なことを，保育を担う保育者はしっかりと理解した上で領域「環境」について学ぶことが望まれる。幼稚園教育要領や解説が目指すところを丁寧に読み解き，日々の保育を考えるための根拠にする必要があることを意識しなければならない。

## 2 保育所保育に関する基本原則

　保育所保育指針は2009（平成21）年に児童福祉施設最低基準第35条の規定に基づき，正式に告示行為として位置づけられた。

---

第1章　総則
この指針は,児童福祉施設の設置及び運営に関する基準(昭和23年厚生省令第63号)第35条の規定に基づき，保育所における保育の内容に関する事項及びこれに関連する運営に関する事項を定めるものである。各保育所は，この指針において規定される保育の内容に係る基本原則に関する事項等を踏まえ，各保育所の実情に応じて創意工夫を図り，保育所の機能及び質の向上に努めなければならない。

---

　保育所保育指針の根幹となる総則を見ると，この指針に基づいて乳幼児の発達に必要な保育内容等について規定されている。さらに，この原則に応じて，各保育所は実情に応じた柔軟かつ原則を逸脱しない保育計画を作成した上で保育を展開しなければならない。その際には保育士の創意工夫を大切にして，その質的向上に努める必要がある。この指針はあくまでも一般的なものであることを前提に，その役割を保育士は認識する必要がある。

---

(2)　保育の目標
ア　保育所は，子どもが生涯にわたる<u>人間形成</u>にとって極めて重要な時期に，その生活時間の大半を過ごす場である。このため，保育所の保育は，子どもが現在を最も良く生き，望ましい未来をつくり出す力の基礎を培うために，次の目標を目指して行わなければならない。
(ア)　<u>十分に養護の行き届いた環境の下に</u>，くつろいだ雰囲気の中で子どもの様々な欲求を満たし，生命の保持及び情緒の安定を図ること。
(イ)　健康，安全など生活に必要な基本的な習慣や態度を養い，心身の健康の基礎を培うこと。
(ウ)　人との関わりの中で，<u>人に対する愛情と信頼感，そして人権を大切にする心</u>を育てるとともに，自主,自立及び協調の態度を養い,道徳性の芽生えを培うこと。
(エ)　生命，自然及び社会の事象についての興味や関心を育て，それらに対する豊かな心情や思考力の芽生えを培うこと。

第1章 保育の基本と環境

> （オ）生活の中で，言葉への興味や関心を育て，話したり，聞いたり，相手の話を理解しようとするなど，言葉の豊かさを養うこと。
> （カ）様々な体験を通して，豊かな感性や表現力を育み，創造性の芽生えを培うこと。
>
> イ　保育所は，入所する子どもの保護者に対し，その意向を受け止め，子どもと保護者の安定した関係に配慮し，保育所の特性や保育士等の専門性を生かして，その援助に当たらなければならない。
>
> （下線は筆者）

　保育所保育指針における保育の目標は，学校教育法や幼稚園教育要領にほぼ準じて構成されている。しかし，幼児を対象とした部分については近似的であるが，0〜2歳児を対象としていることや，長時間の保育に対応する必要性から特に次のようなことに対する配慮が強く含まれている。

## ○ 人間形成の基礎

　この点については学校教育法や幼稚園教育要領と同様の趣旨として，乳幼児期の発達の重要性を踏まえて，人間の基礎を形成することの重要性を示している。また，保育所における長時間の保育に配慮することとして「その生活時間の大半を過ごす場である」との記述がある。現実的には8時間を保育時間の基準としつつ，昨今の保育ニーズはさらに長時間化の傾向がある。11〜12時間の開所はすでに一般化され，延長保育によっては13時間，さらに夜間の保育，なかには24時間の保育が実施されているところもある。また，休日の保育に加え，一時預かり等，保護者の保育ニーズに応えるべく柔軟な保育の対応が求められている現在，特に人間の基礎を形成する大切な乳幼児期に対しての保育は，子どもの内面的な理解や特段の配慮が必要とされているのである。

## ○ 十分に養護の行き届いた環境

　養護と教育は不可分であるが，保育指針では特に養護の重要性をこの目標において示している。養護とは，食事や排泄等の生活行動の中で，保育者が乳幼児に対して特に丁寧に家庭の状況を意識した関わりをもつことが望まれる。そのことを大切にした上で「くつろいだ雰囲気の中で子どもの様々な欲求を満たし，生命の保持及び情緒の安定を図ること」と述べられている。養護の行き届く場と空間，そして保育士の丁寧な配慮があって初めて，長時間保育に対応する施設としての位置づけが可能となり，そのことが乳幼児の発達に欠かすことができない重要な要素なのである。

## ○ 人に対する愛情と信頼感，そして人権を大切にする心

　人間関係の領域に強く関係するが，くつろいだ雰囲気の環境の中には専門性豊かな保育士の存在が必要となる。その際に，交代制勤務を基準とした保育所の場合，乳幼児と一人の保育者が十分な信頼を形成することにむずかしさや時間的な困難が伴う場合がある。そのような保育所の特性から，個々の乳幼児との信頼，養護，そして教育を行うためには，乳幼児に対する人権の意識と保護者のニーズや思いを尊重して対応することが望まれる。そのことをベースとして自主・自立及び協調の態度が養われると同時に道徳性の芽生えがはぐくまれる。乳幼児に対する保育者の温かい愛情がベースとなって人間形成の基礎が培われるのである。

## ○ 保育所は，入所する子どもの保護者に対し，その意向を受け止め，子どもと保護者の安定した関係に配慮

　児童福祉施設である保育所を利用する家庭や保護者は個々の要望やニーズをもっている。そのような視点から考えると，保護者対応や家庭の意向等に対する意識を常に保育士は考えなければならない。すなわち保育士に保護者についての専門性が求められているのである。子どもの保育に対する専門性は当然のことであり，さらに保護者への適切かつ信頼をベースにした関わりが求められる。

　以上のような目標の一部を解説したが，保育の原理に基づく保育所は，その対象が乳児から出発するために，基本的には幼稚園と同様な目標を掲げた上で，長時間の保育に対応するための環境に対する配慮や人的な関わりの重要性が強調されている。

---

(3) 保育の方法
　保育の目標を達成するために，保育士等は，次の事項に留意して保育しなければならない。
ア　一人一人の子どもの状況や家庭及び地域社会での生活の実態を把握するとともに，子どもが安心感と信頼感をもって活動できるよう，子どもの主体としての思いや願いを受け止めること。
イ　子どもの生活のリズムを大切にし，<u>健康，安全で情緒の安定した生活ができる環境</u>や，自己を十分に発揮できる環境を整えること。
ウ　子どもの発達について理解し，一人一人の発達過程に応じて保育すること。その際，子どもの個人差に十分配慮すること。
エ　子ども相互の関係づくりや互いに尊重する心を大切にし，集団における活動を効果あるものにするよう援助すること。

# 第1章 保育の基本と環境

> オ 子どもが自発的・意欲的に関われるような環境を構成し，子どもの主体的な活動や子ども相互の関わりを大切にすること。特に，乳幼児期にふさわしい体験が得られるように，生活や遊びを通して総合的に保育すること。
> カ 一人一人の保護者の状況やその意向を理解，受容し，それぞれの親子関係や家庭生活等に配慮しながら，様々な機会をとらえ，適切に援助すること。
>
> （下線は筆者）

## ○ 健康，安全で情緒の安定した生活ができる環境

　保育の方法においては，その環境が最も重要視されなければならない。長時間の保育に対しては，特に空調や採光等について園舎としての特性を生かした配慮や，個々の保育室における安全に対する意識や具体的な環境の配慮によって，乳幼児が健康かつ安全に日々の生活を送れるようにすることが絶対条件となる。これらの条件が満たされて初めて，情緒の安定が図られるのである。

## ○ 子どもが自発的・意欲的に関われるような環境を構成

　これは幼稚園教育要領においてもたいへん重視された部分であり，自発性を重視した遊びを，保育所保育指針でも同様に大切にしているのである。長時間の保育の中でも，一方的に大人が与える保育ではなく，総合的にねらいが達成されるような保育のあり方を強調している。また，乳幼児期にふさわしい生活や遊びの環境を整えることは，その時期にふさわしくない保育内容や方法が展開されることを暗黙に否定しているのである。過剰な教育に力を注いだり，部分的な発達を促すような偏った教育・保育は常に施設長をはじめとして意識し，子どもの発達に必要な環境を整えなければならないのである。

> (4) 保育の環境
> 　保育の環境には，保育士等や子どもなどの人的環境，施設や遊具などの物的環境，更には自然や社会の事象などがある。保育所は，こうした人，物，場などの環境が相互に関連し合い，子どもの生活が豊かなものとなるよう，次の事項に留意しつつ，計画的に環境を構成し，工夫して保育しなければならない。
> ア 子ども自らが環境に関わり，自発的に活動し，様々な経験を積んでいくことができるよう配慮すること。
> イ 子どもの活動が豊かに展開されるよう，保育所の設備や環境を整え，保育所の保健的環境や安全の確保などに努めること。
> ウ 保育室は，温かな親しみとくつろぎの場となるとともに，生き生きと活動できる場となるように配慮すること。
> エ 子どもが人と関わる力を育てていくため，子ども自らが周囲の子どもや大人と関わっていくことができる環境を整えること。
>
> （下線は筆者）

保育所保育指針におけるこの保育の環境に関する項目は，領域の環境の土台となる部分である。長時間の保育はときに子どもに多大なる負担を与える可能性も否めない。しかし，この項目で示している環境についての配慮は，個々の子どもが園生活を営む上で，保育士が常に意識しなければならない重要な項目であるとともに，保育士相互の連携の中で具体的に検討すべき内容である。

　「保育士等や子どもなどの人的環境」については，環境の中に人的なものを含んでいることを明確に位置づけている。環境について検討する際に，おもに物的な環境に対する意識を強くもつ傾向があるが，実は人的環境が支配する部分がひじょうに大きいのである。さらに大人との関係だけに限定するのではなく，集団に対する意識も必要である。子どもの発達に必要なのは，大人の配慮や指導・援助だけでなく，子ども相互の関係性の中でこそ育つ部分がある。子どもの育ちを大切にするためには，子ども同士の教育力や保育力を大切に位置づけなければならない。そのような意識のもとで「施設や遊具などの物的環境」の意味が明確になってくるのである。人が環境についての意図や意識を埋め込み，人がその環境を活用し，その中から子どもが発達に必要な経験を積み重ねていく。さらに季節の変化や子どもの興味関心を重視することで，子どもが自然と活動したくなるような環境の構成を意識して，日々の活動の充実のために意図的・計画的な環境構成に対する意識をもたなければならない。

## 第3節　幼稚園教育要領，保育所保育指針及び幼保連携型認定こども園教育・保育要領における環境の領域の位置づけ

　第2節までに，幼稚園教育要領及び保育所保育指針における広義の意味での環境の取り扱いについて理解が深まったと思われる。この第3節では，環境の領域が目指す重要な位置づけについて理解を深めるために，幼稚園教育要領，保育所保育指針及び幼保連携型認定こども園教育・保育要領の内容を概観した上で，環境の領域の意味について具体的に理解することを目的とする。

# 第1章 保育の基本と環境

## 1 幼稚園教育要領，保育所保育指針及び幼保連携型認定こども園教育・保育要領における「環境」について

　幼稚園教育要領，保育所保育指針及び幼保連携型認定こども園教育・保育要領における環境の領域が目指す大きな目標は「周囲の様々な環境に好奇心や探究心を持って関わり，それらを生活に取り入れていこうとする力を養う」として，同じ文言で示されている。

　この趣旨をしっかり理解することがとても重要である。子どもの発達から考えると，乳幼児期はまだ未分化の状態であり，この時期の子どもの発達を支えるために，大人はその発達の特徴を理解する必要がある。その最も重要な発達理解に必要なことが，好奇心や探究心に対する理解である。乳幼児期の探索活動は信頼できる大人の存在があることで情緒が安定し，自身の行動の範囲を広げていく。その行動範囲を広げるプロセスは，人の発達として重要な認知能力の発達や自己概念の形成，言語の発達の基礎となる活動である。その活動は大人との信頼関係の形成が前提条件となるが，乳児が手に持った物を口の中に入れて，その感触を確かめることや，歩行可能になったときに，目に飛び込んでくる興味関心の先に夢中になって突き進む姿は，まさに探索活動の最たる姿である。そこに発達の原点となる探索活動の意味の芽生えがある。

　探索活動は乳幼児の内面から出てくる動機と主体的活動の原点となり，その行為が十分に満たされ，認められることが発達の基礎として重要なこととなる。逆に言えば，このような行動の原点が満たされなければ発達が阻害されると言っても過言ではない。そのような内的な興味関心から生まれる，発達に必要な経験の原点が乳幼児期にあることを理解しなければならない。探索活動を認めて発達を促すことは，個々の子どものもつ好奇心をはぐくむことと強い関係がある。子どもはもともと好奇心が旺盛であり，この好奇心は自己の世界を拡大するために最も重要なエネルギーとなる。

　環境の領域が目指す最も重要な位置づけの原点は，この探索活動や好奇心を大切にすることなのである。乳幼児期に大切にされた探索活動は，認知発達と共に知的好奇心や概念の形成へと変化し，その意味理解の世界へと変化してくる。子ども自らが環境に関わることは，その対象となる人や物への興味関心が行動の出発になる。子どもの発達のプロセスを理解することは，環境の領域が目指す部分と一致しているのである。関

わりを深め，その関係が強くなることによって，子どもは理解したことや環境を自身の中に取り入れ，それを活用することが可能となってくる。子どもが環境との関わりを深めていくためには，周囲の大人や保育者の子ども理解が重要になる。それがあって初めて，子どもが環境に関わる力がはぐくまれることを意識しなければならない。

　以上のように，環境の領域が目指すことは，人間の発達の原点であると言っても過言ではない。よって，子どもの発達についての理解とそのプロセスを見極める目が必要なのである。

　環境の領域は，子どもの発達に必要な経験の中から「心情」「意欲」「態度」を育てるために，幼稚園・保育所・認定こども園は教育課程及び保育課程を編成しなければならない。さらに指導計画や保育計画を作成し，日々の保育における活動を計画していかなければならない。よって，幼稚園教育要領，保育所保育指針及び幼保連携型認定こども園教育・保育要領はその根幹となり，常に参照しながら，日々の子どもとの関わりの中で次に示すねらいが達成されるように考えていくことが求められるのである。

## 2 環境の領域についてのねらい

　幼稚園教育要領と保育所保育指針及び幼保連携型認定こども園教育・保育要領は同じ理念に基づいて，その重要な環境の領域におけるねらいを３つ設定している。そのねらいは次のとおりである。

1　身近な環境に親しみ，自然と触れ合う中で様々な事象に興味や関心をもつ。
2　身近な環境に自分から関わり，発見を楽しんだり，考えたりし，それを生活に取り入れようとする。
3　身近な事象を見たり，考えたり，扱ったりする中で，物の性質や数量，文字などに対する感覚を豊かにする。

　これらのねらいが目指すことについて，しっかりと理解を深める必要がある。幼稚園・保育所・認定こども園においても日々をただ漠然と過ごすのではなく，各領域の目指すことをしっかり理解した上で保育に取り組む姿勢がたいへん重要であり，その意識が子どもの発達や育ちに確実につながるように考えていかなければならない。

# 第1章 保育の基本と環境

## ○ ねらい1 　身近な環境に親しみ，
　　　　　　自然と触れ合う中で様々な事象に興味や関心をもつ

　ねらいの1が目指す最も重要なことは，自然との触れ合いである。子どもは根本的に興味関心や探究心が高く，自然に対して強い興味をもつ。その特性から，特に未知の世界でもある自然との関わりは，知的な発達や好奇心の対象として最も重要かつ必要な素材である。自然は，大きな環境として考えれば宇宙や地球等の環境教育との関連もあるが，身近な自然で考えると，飼育や栽培等の小さな積み重ねも存在する。

　都市化が進む昨今の環境の変化は，ときに自然との関わりを奪う可能性がある。そのような中，幼稚園や保育所で自然との関わりを重視することは，子どもの発達に重要な意味合いがある。

　以下の調査は，自然との関わりと子どもの意欲との関係を示したものである。調査は，乳幼児期の体験が後の人間としての育ちと重要な関わりがあることを端的に示している（図1-1）。

　以上のことからも，この環境の領域のねらいは，これからの子どもの育ちのためには必須であるとともに，保育の世界では，さらに意図的に重視すべき問題である。大胆な自然との関わりではなく，身近な生活の中に密着した関わりが最も大切にされなければならないのである。虫と

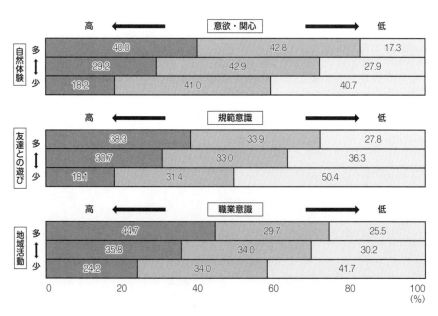

図1-1　子どもの頃の体験と大人になってからの意欲・関心等の関係

資料：独立行政法人国立青少年教育振興機構「『子どもの体験活動の実態に関する調査研究』報告書（平成22年10月）」より作成

の関わりや，小さな菜園で育てたトマトの味，そのプリミティブな体験の積み重ねが結果的に環境を大切にする心と態度をはぐくむことにつながるのである。

## ○ ねらい2　身近な環境に自分から関わり，発見を楽しんだり，考えたりし，それを生活に取り入れようとする

　このねらいの最も重視すべき点は，自然に対して自らが関わる主体的な関わりである。子どもの興味関心や探索活動は子どもの元来もっている能動性から生まれる行動特性である。その主体的な関わりの中で子どもは様々なことを発見し，考え，工夫し，その中で思考力や知的な発達に必要な経験が積み重ねられていく。そのことが結果として生活の中に取り入れることにつながるのである。物との関係性の形成は，その関係の深さが何よりも重要で，つながりが深まることで子どもはその中身を自ら操作できるようになり，生活に密着して取り入れることができるようになっていく。教えられる経験だけでは身に付かない，自らが学びを深めることが何よりも重要なのである。

## ○ ねらい3　身近な事象を見たり，考えたり，扱ったりする中で，物の性質や数量，文字などに対する感覚を豊かにする

　ねらいの3つ目は，園での生活の中における幼児の具体的な活動の場面を想定している。子どもは毎日の園生活の中で様々な環境に出合う。その出合いに必要な環境の構成は，保育者の意図的な環境構成もあれば，子どもが偶然的に出合う環境もある。保育者の意図であっても，偶然であっても，大切なことは子どもにとっての興味関心である。子どもは興味関心をもって具体的に関わることによって，見ること，そして考えること，それを操作することを身に付け，物の仕組みやその事象を自分の中に取り込む力をもっている。具体的な操作によって，子どもはその性質等を体験的に学び取り，扱ってみることによって遊びや生活に取り入れる力をもっている。

　子どもの興味関心に基づく知的発達は顕著であり，具体的な操作から抽象的な思考の芽生えが豊かになってくる。その発達は，数を具体的に数えることや遊びの中で数唱を繰り返したり，生活の中で必要な数を活用する等，教え込まれる数的な理解ではなく，子どもの必要感に応じた理解が進んでいくのである。

　子どもが具体的な遊びの中で，数を数えることもしばしば起こる。砂

第1章 保育の基本と環境

場でおだんごをつくって並べながら数える姿や，プリンのカップに砂を詰めて，それを反対にして小さな山をつくり，その数を競う等，遊びの中には数的な体験が多数含まれている。また，生活の中で必要な数的な関わりも多数ある。お当番の活動として，自分のグループの子どもの数に合わせて給食のお皿を用意したり，お皿に均等に食材等を配膳する等，数量についての関わりが多数生まれてくる。具体的な数量との関わりは，その概念の形成に重要な体験的学習であり，その経験の積み重ねが抽象的思考の育ちにとても重要なのである。結果として，数や量に興味関心をもつようになり，その大切さや便利さを理解し，自ら数や量を活用することが多くなってくるのである。

　また，文字に関しても，その出合い方がとても重要である。子どもにとって文字的な活動との出合いは，絵本の読み聞かせ等，日常の保育の中に多数含まれる活動として位置づけられる。文字的な活動は，特別に文字を与え，教える場面の中から学ぶのではなく，日常生活にある文字的な活動との出合いが最も重要である。絵を描く等，クレヨンや描画的な活動の中で書くことの楽しさや喜びを知り，描く体験の積み重ねがあって，文字を書く体験が生まれてくる。その際に，保育室に掲示してある50音の表等が環境の中にあったり，歌の歌詞が壁面に貼ってあること等から，文字的な環境に出合うことで，その抽象的な記号が人に伝達する便利な道具であることを体験的に学び，読むことや書くことの必要感が生まれてくるのである。結果として抽象的な概念と記号の関係が少しずつ結びつき，文字的な活動を自ら経験する中で，正しい文字を書くことや人に読んでもらう経験等から徐々に興味関心が生まれてくるのである。

　以上，3つのねらいについての解説をしてきたが，このねらいを実現するための，保育者の意図的な環境構成の重要性が見えてくる。保育室の環境は子どもにとって魅力的であると同時に，生活に必要な環境のあり方を保育者は常に意識しなければならないのである。このねらいを達成することは，子どもの学びの基礎になるだけでなく，小学校に向かっての学習の基本になることも多く含まれているのである。しかし，それは与えられ，押しつけられる環境の構成や指導ではなく，子ども自らの興味関心に基づいていることが環境の領域の基本なのである。それは，教えてはならないという意味ではなく，豊かな環境が子どもの興味関心を喚起し，その具体的な関わりがあることで，子ども自らが環境と関わる中に発達に必要な経験が無数にちりばめられているのである。その結

果として子どもが環境を通して学ぶことにつながる。保育者はこの領域の目指す考え方をしっかり把握した上で具体的な保育の実践に取り組まなければならないのである。

## 3 環境の内容

　幼稚園教育要領，保育所保育指針及び幼保連携型認定こども園教育・保育要領の環境の領域における内容は，日々の保育のあり方や子どもの生活全般を考えるためにひじょうに大切なものを含んでいる。内容についての事例や具体的な解釈については第2章及び各章を参照してほしいが，ここでは保育内容を概観しておく。

---

幼稚園教育要領における環境の内容
(1)　自然に触れて生活し，その大きさ，美しさ，不思議さなどに気付く。
(2)　生活の中で，様々な物に触れ，その性質や仕組みに興味や関心をもつ。
(3)　季節により自然や人間の生活に変化のあることに気付く。
(4)　自然などの身近な事象に関心をもち，取り入れて遊ぶ。
(5)　身近な動植物に親しみをもって接し，生命の尊さに気付き，いたわったり，大切にしたりする。
(6)　日常生活の中で，我が国や地域社会における様々な文化や伝統に親しむ。
(7)　身近な物を大切にする。
(8)　身近な物や遊具に興味をもって関わり，自分なりに比べたり，関連付けたりしながら考えたり，試したりして工夫して遊ぶ。
(9)　日常生活の中で数量や図形などに関心をもつ。
(10)　日常生活の中で簡単な標識や文字などに関心をもつ。
(11)　生活に関係の深い情報や施設などに興味や関心をもつ。
(12)　幼稚園内外の行事において国旗に親しむ。
　　（下線については，保育所保育指針では，保育所，幼保連携型認定こども園教育・保育要領では幼保連携型認定こども園となる）

---

　幼稚園教育要領，保育所保育指針及び幼保連携型認定こども園教育・保育要領における環境の内容は，基本的に3歳以上の幼児についてはほぼ同様の内容が示されている。
　この内容を日々の保育の中に取り入れるための視点として，内容の取り扱いが幼稚園教育要領に示されている。その中で大切にしなければならないことは，子どもの興味関心に基づき，幼児自身が自ら環境に関わり，心情・意欲・態度が形成されるように意識することである。また，自然の不思議さや，好奇心や思考力等，幼児期であるからこそ体験する

# 第1章 保育の基本と環境

ことが可能である，深い自然との関わりが重視されなければならない。

また，環境の領域では，個々の子どもが自然と関わる中で育つ部分と共に，周囲の仲間と生活をする中で，共感的に場を共有し，畏敬の念や生命の重要性，公共心，探究心等，目に見えにくい心情的な部分を育てる，たいへんむずかしく，かつ重要な役割が求められていることを保育者はしっかり理解しなければならない。

具体的に環境への関わりの中から生まれた興味関心から，新たな体験の積み重ねによって数字や文字への興味関心がはぐくまれていく。その積み重ねの中から抽象的な記号である文字の必要性や数等を，その必要感に応じて身に付けていくのである。

以上のように，環境の領域におけるねらいと内容は，子どもの育ちにとってたいへん重要な位置づけとなっており，その具現化のために，幼稚園や保育所では園内外の環境についての理解を深めるとともに，その環境を活用するべく保育展開を検討することが望まれている。都市部では自然環境が失われつつあるが，小さな園庭にプランターを置き，子どもの身近な場所で栽培の体験が可能となっている場合もある。逆に農村部においては，地域環境に動植物が身近にあることから，意識しなくても子どもが自然の環境を取り込んでいることもある。各園は，この環境の領域が目指す意味についての理解を深め，その具現化に努力を惜しんではならないのである。

## 第4節 環境の領域の実際

環境の領域が目指す部分である，周囲の様々な状況に好奇心や探究心をもって関わり，それらを生活に取り入れていこうとする力を養うための領域として，具体的なとらえ方を理解する必要がある。

### 1 環境のとらえ方

環境には地球規模の広大な環境のとらえ方もあれば，保育室の小さな環境のとらえ方もあり，その範囲はたいへん広大である。大きな視点から考えれば，日々生活する保育室環境を大切に育てることが，やがては地球規模の環境に与える影響等を具体的に知ることにつながる。環境教

育の意味には，その両者が包含されているが，幼稚園教育要領，保育所保育指針及び幼保連携型認定こども園教育・保育要領における環境は，広義の意味と狭義の内容の両面が意識されているのである。では，保育現場ではどのような視点で環境の領域を考える必要があるか，保育者としての視点や園の方向性について考えてみたい。

### 園として環境を活用する

　園が存在する地域や周囲の環境は，子どもにとって日々の生活に密着している。園の環境を生かすためには，教職員一同が園周辺の資源に目を向ける必要がある。地域との連携はたいへん重要な考え方である。園の周辺から通う子どもには家族があり，祖父母や身内だけでなく，様々な人に支えられて生きている。つまり，園は常に地域のかたがたに支えられているのである。地域と連携して環境を生かす視点は，その関係を子どもの教育的な価値として取り入れようとする考えである。その活用の価値や方法は教育課程・保育課程と大きく関連するが，次のような視点から地域の資源としての環境を生かすことが可能となる。もちろん園の存在する場によって異なるので，大切なことは地域環境を保育・教育の中に取り込もうという姿勢である。

・地域の自然環境………木や畑，動植物
・地域の遊び場所………公園，広場，遊戯施設
・販売店等の商業施設…食に関する販売店，スーパー
・神社やお寺，その他公共の施設等

　上記のような様々な資源は，そこに存在するだけでも教育的価値が包含されている場合もあるが，保育の中に意図的に取り込むことによって，その価値が高くなることが考えられる。園内だけにとどまるのではなく，積極的に周囲の環境を生かすことによって，子どもにとって貴重な体験的な学びの場になる可能性が生まれてくるのである。

## 2 保育者の役割と環境構成

　園の中における環境の領域は，日々の保育の積み重ねの中で最も重要な要素となる。園全体の環境としては，四季を通じた自然との関わりの場や，虫や植物等が観察できる場を形成する等，保育者の意識が高くなることによって，環境が意図的に子どもの生活や遊びの中に取り込まれる。その興味関心は，保育者の援助や環境の再構成等によって，さらに

第1章 保育の基本と環境

子どもの学びへとつながり，深まりを見せることになる。

　保育者は，指導計画や保育計画の中で環境の構成についての理解を深めるとともに，子どもの興味関心に基づく環境の構成を丁寧に考え，実践の中では場の状況や子どもの内面の読み取りによって状況を判断しながら環境の再構成をすることや，新たな刺激等によって継続的かつ没頭するような保育の方向性に導くことが求められる。そのような日々の積み重ねがあって初めて，この環境の領域が目指すところに向かうことが可能となるのである。

　環境の領域は，その幅が多様であり，かつ目に見えにくい分野であることから，保育者の意識がとても重要になる。そのことをしっかりと意識した上で環境構成を考える必要がある。また，子どもにとって遊びと生活の中に生まれてくる環境との関わりも重要である。特に遊びについては，その本質を理解しなければならない。

　幼稚園教育要領における「遊びを通しての総合的な指導」また「環境を通して行う教育・保育」（幼稚園教育要領解説及び保育所保育指針解説書）についてしっかりと理解を深め，その具体的な子どもの姿と保育のあり方について，本書で具体的な事例を通して学び，実践に役立ててほしい。

## 3 幼稚園・保育所・認定こども園における環境とその発信

　環境を通して行う教育は，その方法論がたいへん目に見えにくく，しかもその成果が大人や他者にとって理解しづらい面がある。幼稚園や保育所が遊びを大切に育て，個々の子どもと環境との関わりによってその育ちが保障されていたとしても，見方によっては「ただ遊んでいるだけ」と見られてしまう可能性もある。しかし，環境との関わりの中で子どもが没頭する遊びは，そのこと自体に学びが含まれており，まさに「遊びと学びは渾然一体」なのである。子どもが夢中になっているその目の輝きや遊びの中での思考は，知的発達においても重要な要素がある。保育者はその価値をしっかり見極めることと共に，その意味を子どもの内面から理解し，その重要性について次のような意識で考察する必要がある。

### 遊びを見る目と発信
計画→教育課程・保育課程・指導計画・保育計画における環境構成
実践→日々の保育の中での遊びの深まりや学びの諸相の読み取り
記録→保育の出来事を記録し，その価値や意味を他の保育者と共有

発信→目に見えにくい子どもの遊びの流れや価値を保護者等に園として
　　　発信する（園便り・クラス便り・ホームページ等）
評価→日々の環境構成や遊びの深まり等を評価し，次の実践につなげて
　　　改善を積み重ねていく

　以上のような，計画から実践，記録，発信，評価への積み重ねは，保育としての質的向上につながるだけでなく，乳幼児期の子どもの発達を保障するために欠くことのできない要素である。特に昨今は目に見える成果だけを評価するような実践も多くなっている。教育の名を借りて，乳幼児期にふさわしくないような保育内容を安易に取り入れて，目に見える成果のみを主張し，保護者に積極的に成果をアピールするような園のあり方も見られるのである。

　環境の領域が目指す教育・保育のあり方は保育者としてむずかしい側面をもっているが，その本質を逸脱するような実践は評価されるべきではない。目に見えにくい子どもの遊びや生活については，その真価を保護者にしっかりと理解してもらうことが求められている。次の園便りはある幼稚園の実際の事例である。このような発信によって保護者への理解を深め，環境に関わって子どもが集中して遊び，それを継続することの大切さを園として理解し，保護者に共有してもらう努力が欠かせないのである。

図1-2　園便り

# 第1章 保育の基本と環境

① 環境の領域が目指すことは何か,ねらいと内容の関係から検討しよう。
② 環境を通して行う教育・保育には,どのような意義があるか考えよう。
③ 環境のねらいを達成するための配慮について,具体的に検討しよう。

### 参考図書

◎ 宮里暁美監修『0-5歳児 子どもの「やりたい！」が発揮される保育環境』学研プラス,2018年
◎ 宮里暁美編著『保育がグングンおもしろくなる 記録・要録 書き方ガイド』メイト,2018年
◎ 文部科学省「幼稚園教育要領解説」2018年
◎ 厚生労働省「保育所保育指針解説」2018年
◎ 内閣府・文部科学省・厚生労働省「幼保連携型認定こども園教育・保育要領解説」2018年

# 第2章

# 領域「環境」とは

この章では，まず保育所保育指針や幼稚園教育要領が示す「領域の意味やねらい及び内容」について基礎的に学ぶ。そして，5領域の一つである領域「環境」の意味を理解しながら，他の領域との関係について考えていく。
また，領域「環境」のねらいや内容について確認した上で，いくつかの事例を通して各年齢に合わせた具体的なねらいや内容の設定，展開について考えていきながら，領域「環境」についての学びをさらに深めていく。

 **第1節 領域とは**

## 1「領域」の意味

　子どもは，日々の保育所や幼稚園の生活の中で，自然をはじめとする様々な環境と出合うことで多様な刺激を受けていく。そして，それらの環境に子どもがますます魅力を感じ，興味をもって関わっていくことで，様々な遊びや活動が豊かに生まれていく。子どもはそうして出合った大好きな遊びや活動に熱中したり没頭したり楽しんだりしていくことで，たくさんの充実感や満足感を味わい，豊かな心情や意欲・態度を培っていくと同時に，新たな能力も獲得していくのである。では，そうした生活や遊びを通してはぐくまれる一人ひとりの子どもの「育ち」を，保育者はどのようにとらえ，認識していけばよいのだろうか。

　保育所保育指針解説では，「教育に関わる領域は，保育士等が，子どもの発達をとらえる視点として5つに区分されています。この5領域が意味するものを理解し，子どもの発達を5つの窓口から的確にとらえることが求められます」と説明している。すなわち領域とは，子どもの遊びや生活を通しての育ちを，発達という切り口（窓口）からとらえていくときの視点であり，それらを5つの窓口に整理したものが5領域なのである。そして，幼稚園教育要領解説では，この5領域について「発達の側面から，心身の健康に関する領域「健康」，人との関わりに関する領域「人間関係」，身近な環境との関わりに関する領域「環境」，言葉の

25

## 第2章 領域「環境」とは

獲得に関する領域「言葉」，感性と表現に関する領域「表現」としてまとめ，示している」と説明している。つまり，保育者が一人ひとりの子どもの育ちをとらえる際，「健康」「人間関係」「環境」「言葉」「表現」といった視点から発達をとらえていこうということである。

また「領域」のとらえ方として，保育所保育指針解説では「小学校の教科のように独立して扱われたり，特定の活動を示すものではなく，保育を行う際に子どもの育ちをとらえる視点として示されています」と説明している。そして，幼稚園教育要領においても，「幼稚園教育における領域は，それぞれが独立した授業として展開される小学校の教科とは異なるので，領域別に教育課程を編成したり，特定の活動と結び付けて指導したりするなどの取扱いをしないようにしなければならない」と説明している。

「環境」の領域はたいへん目に見えにくい領域であるため，ここで小学校以上の体育と結びつきやすい「健康」の領域の例から見ていくこととする。

たとえば，みなさんは乳幼児期の子どもにおける領域「健康」の発達を思い浮かべるとき，いったいどのような子どもの姿を頭の中に思い描くだろうか。健康的な身体を育てることであるから，小学校のように子どもたちに積極的に体育指導を行い，1段でも高い跳び箱を跳ぶことができるようになったり，いろいろな運動遊びに挑戦させ，何でもうまくできるような子どもに育てていくといったイメージをもったりはしないだろうか。また，領域「表現」を思い浮かべる際には美術の授業が思い出され，行事のあと等に子どもたちにいろいろな場面で絵を描かせようと考えたり，音楽の時間が思い浮かび，鼓笛演奏の活動を通していろいろな楽器が上手に演奏できるような子どもに育てていくことと考えたりはしないだろうか。

実は，このような子どもの育ちや領域のとらえ方は，小学校以上における教科別指導のあり方にとても近いものといえる。それは，乳幼児期にふさわしい生活の中で，子どもが大好きな遊びや活動と出合い，それに熱中して楽しむ中で，5領域の育ちが相互に関連し合いながらバランスよく行われていく姿を大切にする，乳幼児期の保育とはまったく異なる考え方であることをしっかり理解しておく必要がある。

## 2 領域「環境」とは

　前項では，保育者が一人ひとりの子どもの育ちをとらえていく際，5つの窓口からその発達をのぞいていこうという考え方を5領域と呼ぶことを確認した。そして，その中の大切な視点の一つで「身近な環境との関わりに関する領域」が領域「環境」であり，幼稚園教育要領と保育所保育指針及び幼保連携型認定こども園教育・保育要領共に，領域「環境」の目的を「周囲の様々な環境に好奇心や探究心をもって関わり，それらを生活に取り入れていこうとする力を養う」と定めている。

　たとえば，4月当初の園庭や近隣の公園等では，子どもたちが満開に咲き誇る桜に目を奪われ，風に吹かれ舞い散る桜の花びらを両手ですくい集めようとしてみたり，帽子に入れて集めようと花びらを追いかけながら元気いっぱい走り回る姿がよく見られる。そんなとき，4歳児クラスのD児が，集めた桜の花びらを見ながら「僕たちの部屋の中にも桜の木をつくりたい！」とつぶやいたことをきっかけに，そのことに興味をもった数人の男児が帰りに立ち寄った公園で，地面に落ちる枯れ枝を桜の木にしようとさっそく拾い集めた。そして，園に戻り昼食が終わると，枯れ枝をガムテープで束ね始め，小さな桜の木を保育室の床の上に再現し始めたのである。また，拾い集めた桜の花びらも，以前楽しんだ押し花のことを思い出しラミネーターでコーティングした後，花びらの形に沿ってはさみで切り取ると枝に一つ一つ丁寧に飾り始め，見事に保育室に自分たちの桜の木を完成させたのである。

　この事例からも分かるように，子どもたちは日々の生活の中で様々な環境と出合い，その中でたくさんの刺激を受けている。そして，それらの環境に心が豊かに揺り動かされれば揺り動かされるほど，そこで得た喜びや驚き・感動や発見等を新たな出発点として，さらに自らの生活の中で積極的に再現し楽しもうとする姿が自然と生まれてくることを理解してもらえるのではないだろうか。

## 3 領域「環境」と他領域の関係

　本章第1節の1項において，領域とは，小学校の教科のように独立し

# 第2章 領域「環境」とは

て扱われたり,特定の活動を示すものではないことを確認した。これは,乳幼児期特有の子どもの姿は,大人のように（教科のように）明確に分化してとらえることのできない「曖昧で未分化」な状態であるという考え方の上に成り立っている。その未分化な子どもの姿を,発達の側面からとらえようとしたのが「領域」なのである。そのことを幼稚園教育要領解説の中では「遊びを通して総合的に発達を遂げていくのは,幼児の様々な能力が一つの活動の中で関連して同時に発揮されており,また,様々な側面の発達が促されていくための諸体験が一つの活動の中で同時に得られているからである」と説明している。このことから,子どもが1つの遊びや活動を楽しむことで,様々な能力が同時に発揮され,領域「環境」だけではなく,5つの「領域」すべての発達が総合的に促されていく,という乳幼児期特有の姿を理解することができる。

また,子どもの発達は同時に得られるだけではなく,「様々な側面が絡み合って相互に影響を与え合いながら遂げられていくものである」と幼稚園教育要領解説の中で説明され,具体的には以下のように解説されている。

「例えば,幼児の言語を使った表現は,幼児が実際にいる状況に依存しているため,その状況を共有していない者にとって,幼児の説明は要領を得ないことが多い。しかし,友達と一緒に遊ぶ中で,コミュニケーションを取ろうとする意識が高まり（領域「人間関係」）,次第に状況に依存しない言語で表現する力が獲得されていく（領域「言葉」）。言語能力が伸びるにつれて,言語により自分の行動を計画し,制御するようになるとともに,自己中心的な思考から相手の立場に立った思考もできるようになる。こうして社会性,道徳性が培われる（領域「人間関係」）。そのことは,ますます友達と積極的に関わろうとする意欲を生み（領域「人間関係」）,さらに,友達と遊ぶことを通して運動能力が高まる（領域「健康」）。そして,より高度で複雑な遊びを展開することで,思考力が伸び,言語能力が高まる（領域「言葉」）。象徴機能である言語能力の発達は,見立てやごっこ遊びという活動の中で（領域「環境」）想像力を豊かにし,それを表現することを通して促される（領域「表現」）」。

以上のように,「領域」とは未分化で曖昧な子どもの姿を発達の側面からとらえようとするものであるが,決して「領域」ごとに明確に分化してとらえることができるものではなく,5つの「領域」が互いに絡み合い影響を与え合いながら,総合的な発達が促されていくことをしっかり理解することが大切である。

## 第2節 「ねらい」とは

### 1 「ねらい」の意味

　保育及び教育の内容は「ねらい」及び「内容」で構成される。
　「ねらい」は，保育所保育指針では，第1章（総則）に示された保育の目標を，幼稚園教育要領では，学校教育法第23条に示された教育の目標をより具体化したものであり，両者は共通のものとなっている（表2-1）。

表2-1　保育及び教育の目標

| 保育所保育指針（第一章） | 学校教育法（第二十三条） |
|---|---|
| ア　保育所は，子どもが生涯にわたる人間形成にとって極めて重要な時期に，その生活時間の大半を過ごす場である。このため，保育所の保育は，子どもが現在を最も良く生き，望ましい未来をつくり出す力の基礎を培うために，次の目標を目指して行わなければならない。 | 幼稚園における教育は，前条に規定する目的を実現するため，次に掲げる目標を達成するよう行われるものとする。 |
| (ｱ)　十分に養護の行き届いた環境の下に，くつろいだ雰囲気の中で子どもの様々な欲求を満たし，生命の保持及び情緒の安定を図ること。 | |
| (ｲ)　健康，安全など生活に必要な基本的な習慣や態度を養い，心身の健康の基礎を培うこと。 | 一　健康，安全で幸福な生活のために必要な基本的な習慣を養い，身体諸機能の調和的発達を図ること。 |
| (ｳ)　人との関わりの中で，人に対する愛情と信頼感，そして人権を大切にする心を育てるとともに，自主，自立及び協調の態度を養い，道徳性の芽生えを培うこと。 | 二　集団生活を通じて，喜んでこれに参加する態度を養うとともに家族や身近な人への信頼感を深め，自主，自律及び協同の精神並びに規範意識の芽生えを養うこと。 |
| (ｴ)　生命，自然及び社会の事象についての興味や関心を育て，それらに対する豊かな心情や思考力の芽生えを培うこと。 | 三　身近な社会生活，生命及び自然に対する興味を養い，それらに対する正しい理解と態度及び思考力の芽生えを養うこと。 |
| (ｵ)　生活の中で，言葉への興味や関心を育て，話したり，聞いたり，相手の話を理解しようとするなど，言葉の豊かさを養うこと。 | 四　日常の会話や，絵本，童話等に親しむことを通じて，言葉の使い方を正しく導くとともに，相手の話を理解しようとする態度を養うこと。 |
| (ｶ)　様々な体験を通して，豊かな感性や表現力を育み，創造性の芽生えを培うこと。 | 五　音楽，身体による表現，造形等に親しむことを通じて，豊かな感性と表現力の芽生えを養うこと。 |

　「ねらい」は，幼稚園教育要領の中で，「幼稚園教育において育みたい資質・能力を幼児の生活する姿から捉えたもの」であると述べられている。また，保育所保育指針の中では，「子どもが保育所において，安定した生活を送り，充実した活動ができるように，保育を通じて育みたい資質・能力を，子どもの生活する姿から捉えたもの」と説明されている。保育所保育においては，養護と教育が一体となった保育を特性としていることから，養護と教育のねらいそれぞれが設定されている（表2-2）。

# 第2章 領域「環境」とは

表2-2 保育及び教育の「ねらい」

|   |   | 保育所保育指針 | 幼稚園教育要領 |
|---|---|---|---|
| 養護 | 生命の保持 | 4 |  |
|  | 情緒の安定 | 4 |  |
| 教育（共通） | 健　　康 | 3 | 3 |
|  | 人間関係 | 3 | 3 |
|  | 環　　境 | 3 | 3 |
|  | 言　　葉 | 3 | 3 |
|  | 表　　現 | 3 | 3 |
| 合　　計 |  | 23 | 15 |

　そこでここでは，保育所及び幼稚園が共通にもつ役割である「教育的側面」をとりあげ，「ねらい」の意味を確認していく。

　幼稚園教育要領及び保育所保育指針における「ねらい」は，教育的側面である5領域すべてに存在し，領域ごとに「心情」のねらい，「意欲」のねらい，「態度」のねらいの順に3つずつ示されている。

　たとえば，領域「健康」をとりあげて説明する（表2-3）。まず保育所保育指針及び幼稚園教育要領の「ねらい」を比較して分かるように，両者に大きな違いはなく，きちんと整合性が図られている。また，それぞれに3つずつ「ねらい」があり，①と（1）が「心情」のねらい，②と（2）が「意欲」のねらい，③と（3）が「態度」のねらいを表している（表2-3）。そのため5領域全体では，ねらいは15存在するのである。

表2-3 領域「健康」における保育及び教育の「ねらい」

| 保育所保育指針（第2章 3歳以上児） | 幼稚園教育要領（第2章） |
|---|---|
| 健康な心と体を育て，自ら健康で安全な生活をつくり出す力を養う。<br>(ア) ねらい<br>① 明るく伸び伸びと行動し，充実感を味わう。<br>② 自分の体を十分に動かし，進んで運動しようとする。<br>③ 健康，安全な生活に必要な習慣や態度を身に付け，見通しをもって行動する。 | 健康な心と体を育て，自ら健康で安全な生活をつくり出す力を養う。<br>1 ねらい<br>(1) 明るく伸び伸びと行動し，充実感を味わう。<br>(2) 自分の体を十分に動かし，進んで運動しようとする。<br>(3) 健康，安全な生活に必要な習慣や態度を身に付け，見通しをもって行動する。 |

　では，子どもが身に付けることが望まれる「心情」「意欲」「態度」とは，どのようなものなのだろうか。保育用語辞典を参考にすれば，「心情」とは，「幼児（子ども）が自分から精一杯取り組んだことによる充実感

や満足感などの内面的な心情が育つこと」。「意欲」とは，「幼児（子ども）が自ら進んで運動をしようとしたり，身近な人々や環境に対しても自分からかかわるなど意欲が育つこと」。「態度」とは，「（様々な）態度が幼稚園生活の自然な流れの中で，その子自身のものとして身に付くということや，そこに向けての積極的な取り組み」と説明している。これらのことから分かることは，乳幼児期における育ちのねらいは，遊びや活動を通しての知識や技能の習得なのではなく，「生涯にわたる人格形成の基礎を培う」こと，すなわち「心」の教育であることが分かる。

　また，「心情」「意欲」「態度」をとらえていく際に注意しなければならない点が2つ挙げられる。

　一つは，これらのねらいは順番どおりに達成されていくものではないということである。ねらいは，領域ごとに「心情」「意欲」「態度」の順に記されてはいるが，それは決して達成される順番を表しているのではなく，5領域におけるこれら3つのねらいが具体的な遊びや活動が積み重ねられていく中で，互いに深く関連し合いながら達成されていくものであることを認識しなければならない。

　そしてもう一つは，ねらいは子ども一人ひとりが確実に身に付けることができたかを評価するような「到達目標」を意味するものではなく，子どもの発達の方向性を示す「方向目標」であることから，それらのねらいに沿った子ども一人ひとりの成長の過程を大切に受け止めながら保育に取り組むことが重要になってくることを認識してほしい。

## 2「内容」の意味

　「内容」について，幼稚園教育要領解説では，「幼児が生活を通して発達していく姿を踏まえ，幼稚園教育において育みたい資質・能力を幼児の生活する姿から捉えたものを「ねらい」とし，それを達成するために教師が幼児の発達の実情を踏まえながら指導し，幼児が身に付けていくことが望まれるものを「内容」としたものである（下線は筆者）」と説明している。また，保育所保育指針では，「『内容』は，『ねらい』を達成するために，子どもの生活やその状況に応じて保育士等が適切に行う事項と，保育士等が援助して子どもが環境に関わって経験する事項を示したものである（下線は筆者）」と説明している。保育所保育指針の中では，養護と教育が一体となった保育の特性から，「ねらい」同様，「内容」についても養護と教育それぞれに整理されている（表2-4）。

# 第2章 領域「環境」とは

表2-4 保育及び教育の「内容」

|  |  | 保育所保育指針 | 幼稚園教育要領 |
|---|---|---|---|
| 養護 | 生命の保持 | 4 |  |
|  | 情緒の安定 | 4 |  |
| 教育 | 健康 | 10 | 10 |
|  | 人間関係 | 13 | 13 |
|  | 環境 | 12 | 12 |
|  | 言葉 | 10 | 10 |
|  | 表現 | 8 | 8 |
| 合計 |  | 61 | 53 |

　そこでここでは,「ねらい」同様,保育所及び幼稚園が共通にもつ役割である「教育的側面」をとりあげ,「内容」の意味を確認していく。幼稚園教育要領及び保育所保育指針における「内容」も,教育的側面である5領域すべてに存在し,領域ごとに整理されている。

　たとえば,領域「健康」においては,保育所保育指針では①～⑩の子どもが環境に関わって経験する事項が,幼稚園教育要領では(1)～(10)の幼児が身に付けていくことが望まれるものが,それぞれ内容として記されている（表2-5）。

表2-5 領域「健康」における保育及び教育の「内容」

| 保育所保育指針（第2章 3歳以上児） | 幼稚園教育要領（第2章） |
|---|---|
| 保育士等が援助して子どもが環境に関わって「経験する」事項 | 幼児が環境にかかわって展開する身体的な活動を通して総合的に指導されるもの |
| (イ) 内容<br>① 保育士等や友達と触れ合い,安定感をもって行動する。<br>② いろいろな遊びの中で十分に体を動かす。<br>③ 進んで戸外で遊ぶ。<br>④ 様々な活動に親しみ,楽しんで取り組む。<br>⑤ 保育士等や友達と食べることを楽しみ,食べ物への興味や関心をもつ。<br>⑥ 健康な生活のリズムを身に付ける。<br>⑦ 身の回りを清潔にし,衣服の着脱,食事,排泄などの生活に必要な活動を自分でする。<br>⑧ 保育所における生活の仕方を知り,自分たちで生活の場を整えながら見通しをもって行動する。<br>⑨ 自分の健康に関心をもち,病気の予防などに必要な活動を進んで行う。<br>⑩ 危険な場所,危険な遊び方,災害時などの行動の仕方が分かり,安全に気を付けて行動する。 | (1) 先生や友達と触れ合い,安定感をもって行動する。<br>(2) いろいろな遊びの中で十分に体を動かす。<br>(3) 進んで戸外で遊ぶ。<br>(4) 様々な活動に親しみ,楽しんで取り組む。<br>(5) 先生や友達と食べることを楽しみ,食べ物への興味や関心をもつ。<br>(6) 健康な生活のリズムを身に付ける。<br>(7) 身の回りを清潔にし,衣服の着脱,食事,排泄などの生活に必要な活動を自分でする。<br>(8) 幼稚園における生活の仕方を知り,自分たちで生活の場を整えながら見通しをもって行動する。<br>(9) 自分の健康に関心をもち,病気の予防などに必要な活動を進んで行う。<br>(10) 危険な場所,危険な遊び方,災害時などの行動の仕方が分かり,安全に気を付けて行動する。 |

そして，最も大切なことが，具体的な「内容」の取り扱いである。なぜなら第1節の1項の中でも触れたが，領域ごとに「内容」が記されたことにより，保育者が領域ごとにイメージされる特徴に従い自由に内容を考えた結果，長い期間にわたり大きな誤解が繰り返し生じてきてしまった現状があるからである。

　1つ目の誤解とは，保育者が園生活の中で子どもが身に付けたり，経験する領域ごとの「内容」を考えていくことは，具体的な遊びや活動を計画することであると勘違いしてしまったことである。たとえば，領域「健康」では，縄跳びやドッジボール，マラソン等をすること，領域「表現」では，自画像を描いたり，3匹のこぶたの劇を演じたり，チアダンスを踊る等といったような誤解である。しかし「内容」を考えるとは，具体的な遊びや活動を領域ごとに考えていくことではないのである。

　2つ目は，保育者の役割は乳幼児期の子どもの生活や遊びにふさわしい「内容」を考えるはずであったが，保育者の意図や思いが一方的で強すぎた結果，小学校へ進学してからでも十分に経験できる内容までも保育の中に取り入れてしまう誤解である。たとえば，領域「健康」では，組体操やマスゲーム，領域「言葉」では，ひらがなや英語のワークブック，領域「表現」では，鼓笛隊等といった具合である。これらの活動は，最初子どもはその珍しさや好奇心等から参加はするものの，保育者から一方的に教えられたり指導される傾向が強いことから，子どもの主体的な遊びや活動とはほど遠い経験になってしまっている現状が多くの園で見られるのである。

　以上のことから，「内容」について，幼稚園教育要領では，「幼児が環境に関わって展開する具体的な活動を通して総合的に指導されるものであることに留意しなければならない（下線は筆者）」と説明している。すなわち，1つの遊びや活動を通して，ある領域のみに偏った「内容」が経験されるわけではなく，領域ごとの具体的「内容」をバランスよく総合的に経験していくことが重要であることをしっかり認識しなければならない。

　たとえば，5歳児クラスの子どもは，集団で運動遊びをするのが大好きである。ドッジボールに強い興味をもった子どもたちが園庭に集まり，仲間と毎日楽しんでいくことで，きっと図2-1のような各領域における「内容」を総合的に経験していくことが予想される。5領域の総合的な育ちとは，ある1つの領域のために何か具体的な活動を行ったり，5領域の発達のためにいろいろな経験をさせることとはまったく違うので

第2章 領域「環境」とは

ある。

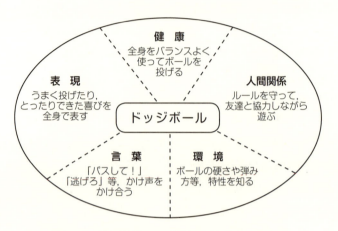

図2-1 遊びを通して総合的に経験される内容

## 3 領域「環境」のねらいとは

　領域「環境」の「ねらい」も他の領域同様に，保育所保育指針では，第1章（総則）に示された保育の目標（エ）を，幼稚園教育要領では，学校教育法第23条に示された教育の目標「三」をより具体化したものである（表2-6）。また，保育所保育指針及び幼稚園教育要領の「ねらい」を比較すると，両者に大きな違いはなく，きちんと整合性が図られていることが分かる。またそれぞれに3つずつ「ねらい」があり，①と（1）が「心情」のねらい，②と（2）が「意欲」のねらい，③と（3）が「態度」のねらいを表している。

表2-6 領域「環境」における保育及び教育の「ねらい」

| | 保育所保育指針（第1章） | 学校教育法（第二十三条） |
|---|---|---|
| 目標 | (エ) 生命，自然及び社会の事象についての興味や関心を育て，それらに対する豊かな心情や思考力の芽生えを培うこと。 | 三 身近な社会生活，生命及び自然に対する興味を養い，それらに対する正しい理解と態度及び思考力の芽生えを養うこと。 |
| | 保育所保育指針（第2章） | 幼稚園教育要領（第2章） |
| ねらい | 周囲の様々な環境に好奇心や探究心をもって関わり，それらを生活に取り入れていこうとする力を養う。<br>(ア) ねらい<br>① 身近な環境に親しみ，自然と触れ合う中で様々な事象に興味や関心をもつ。<br>② 身近な環境に自分から関わり，発見を楽しんだり，考えたりし，それを生活に取り入れようとする。<br>③ 身近な事象を見たり，考えたり，扱ったりする中で，物の性質や数量，文字などに対する感覚を豊かにする。 | 周囲の様々な環境に好奇心や探究心をもって関わり，それらを生活に取り入れていこうとする力を養う。<br>1 ねらい<br>(1) 身近な環境に親しみ，自然と触れ合う中で様々な事象に興味や関心をもつ。<br>(2) 身近な環境に自分から関わり，発見を楽しんだり，考えたりし，それを生活に取り入れようとする。<br>(3) 身近な事象を見たり，考えたり，扱ったりする中で，物の性質や数量，文字などに対する感覚を豊かにする。 |

　では，領域「環境」における子どもが身に付けることが望まれる「心情」「意欲」「態度」とは，具体的にどのようなものなのだろうか。

　「心情」のねらいにおいて大切にされていることは，身体感覚を伴う直接的な体験を通して自然と触れ合い，様々な事象への興味や関心をもつことである。特に，自然からたくさんの豊かな刺激を受ける中で，子どもはその大きさ，美しさ，おもしろさ，不思議さ，心地よさ等に心を動かされながら，ますます興味や関心を広げていくとともに，遊びや活動をとことん楽しんだことによる充実感や満足感等，子どもの「心情」が豊かに湧き出てくることを大切にしている。

　たとえば，4月当初満開だった桜も，花びらが散り終わると，次にさくらんぼが実り始め，地面に落ちたさくらんぼを夢中になって拾い集める子どもたちの姿をよく見かける。しばらくすると，さくらんぼには「硬いもの」と「やわらかいもの」があることに気付き，珍しいやわらかいさくらんぼを指でつまみつぶしてみたとき，中から紫色の汁が出てくることにとても驚くとともに大発見をした喜びを保育者に伝えにきてくれる。そして，さくらんぼの汁を手の甲につけてみたり，

# 第2章 領域「環境」とは

　紙の上でなぞってみたり，つぶして汁をつくってみたりする中で，子どもたちの心がワクワクしたりドキドキしながら心豊かに揺れ動き，充実感や満足感を味わっていく姿を大切にしていくのである。

　次に，「意欲」のねらいにおいて大切にされていることは，自ら環境に関わる「意欲」を高めていくことである。なぜなら，環境との関わりによる様々な発見や気付きは，子どもの考える力を培っていくことにつながるからである。幼稚園教育要領解説の中では，「幼児は身近な環境に好奇心をもって関わる中で，<u>新たな発見をしたり，どうすればもっと面白くなるかを考えたりする。そして，この中で体験したことを，更に違う形や場面で活用しようとするし，遊びに用いて新たな使い方を見付けようとする。</u>幼児にとっての生活である遊びとのつながりの中で，環境の一つ一つが幼児にとってもつ意味が広がる。したがって，まず何より環境に対して，親しみ，興味をもって積極的に関わるようになることが大切である（下線は筆者）」と説明している。

　たとえば，春になると子どもたちは園庭や公園，近隣の雑木林等に出かけ草花探しを楽しんでいる。きれいな草花を見つけては図鑑等を参考にしながら名前を調べたり，キイチゴ等の食べることのできる植物を偶然に発見し食べてみたりする中で，ますます自然への興味関心を広げ探索活動が盛り上がっていく。そんなとき，子ども同士の会話の中で自然に生まれてくる「もっと食べたいね！」「ほかにも食べられる木の実はないのかなあ？」「どこに行ったらもっとあるのかな？」等といった新鮮な思いが，「図鑑を使って調べてみようよ！」といった新たな好奇心を引き出していく。そして，図鑑の中で「カラスノエンドウの花はジャムにして食べることができます」といった文面を見つけたりすれば，「さっそくつくってみよう！」とカラスノエンドウ探しがスタートするのである。それに加え，ジャムづくりに必要な物品の買い出しにも出か

けたり，つくったジャムをつけておいしく食べるためのパンケーキづくり等，子どものアイディアは止めどなく生まれてくる。

　これらのことを踏まえると，「意欲」を育てるために欠かせないことは，何より環境に対して親しみ，興味をもって積極的に関わる姿であることが理解できる。

　最後に，「態度」のねらいにおいて大切にされていることについて，幼稚園教育要

領解説では,「ただ単に環境の中にあるものを利用するだけではなく,そこで気付いたり,発見したりしようとする環境に関わる態度を育てることが大切である」と説明している。また,特に「身近な事象を見たり,考えたり,扱ったりする中で,<u>物の性質や数量,文字などに対しての関わりを広げることも大切である。</u>幼児を取り巻く生活には,物については当然だが,数量や文字についても,幼児がそれらに触れ,理解する手掛かりが豊富に存在する(下線は筆者)」と具体的に解説している。

たとえば,4・5歳児クラスになると,友達と互いの気持ちを伝え合ったり,文字への関心が高まってくることから,「郵便屋さんごっこ」等が盛んに行われる。大好きな友達や先生,家族等に手紙を書くことを通して,自然にひらがな等の文字に触れ,「書きたい」という気持ちを高めていく。

また,散歩等で町を散策する中で,郵便ポストや郵便配達の姿を見たりしながら,本物そっくりにやってみたいという思いが芽生えてくる。「はがきに書いてみたい」「切手を貼ろう」「相手まで配達しよう」等,郵便という事象を通して,様々な仕組みや役割を発見し始め,再現を楽しもうとする中で,はがきや切手の性質に気付いたり,はがきや切手の枚数を数えたりすることで自然と数量について考えるようにもなっていくのである。

こうした身近な事象との関わりの中で,幼稚園教育要領解説では「単に正確な知識を獲得することのみを目的とするのではなく,環境の中でそれぞれがある働きをしていることについて実感できるようにすることが大切である」とまとめている。

# 第2章 領域「環境」とは

## 第3節 「ねらい」の設定及び内容の展開の実際

### 1 「ねらい」の設定

　第2節では，領域「環境」の「ねらい」と「内容」について，保育所保育指針や幼稚園教育要領に基づいて解説してきた。これらは，子どもたちが「入園してから卒園するまで」の園生活全期間を通して育てていく「ねらい」や経験する「内容」であることから，そのまま幼稚園における教育課程や保育所における保育課程等に設定されるものではない。

　そこで，実際の日々の園生活の中では，「幼児の発達の各時期に展開される生活に応じて適切に具体化したねらいや内容を設定する必要がある」（幼稚園教育要領解説の中で説明されている）。

---

第2章　保育の内容
2　1歳以上3歳未満児の保育に関わるねらい及び内容
(1)　基本的事項
ア　この時期においては，歩き始めから，歩く，走る，跳ぶなどへと，基本的な運動機能が次第に発達し，排泄の自立のための身体的機能も整うようになる。つまむ，めくるなどの指先の機能も発達し，食事，衣類の着脱なども，保育士等の援助の下で自分で行うようになる。発声も明瞭になり，語彙も増加し，自分の意思や欲求を言葉で表出できるようになる。このように自分でできることが増えてくる時期であることから，保育士等は，子どもの生活の安定を図りながら，自分でしようとする気持ちを尊重し，温かく見守るとともに，愛情豊かに，応答的に関わることが必要である。

---

　以上のような基本事項を大切にした上で，各領域における3歳未満児の「環境」のねらいを見ると以下のように記述されている。

---

ウ　環境
　　周囲の様々な環境に好奇心や探究心をもって関わり，それらを生活に取り入れていこうとする力を養う。
(ア)　ねらい
①　身近な環境に親しみ，触れ合う中で，様々なものに興味や関心をもつ。
②　様々なものに関わる中で，発見を楽しんだり，考えたりしようとする。
③　見る，聞く，触るなどの経験を通して，感覚の働きを豊かにする。

1歳以上3歳未満児のねらいを実現するためには，日常の乳幼児の姿を丁寧に観察し，好奇心や探究心を大切にした上で環境を工夫し，五感を大切にした保育を心がける必要がある。

　3歳以上児については以下のようなねらいが設定されている。

---

周囲の様々な環境に好奇心や探究心をもって関わり，それらを生活に取り入れていこうとする力を養う。
(ア)　ねらい
①　身近な環境に親しみ，自然と触れ合う中で様々な事象に興味や関心をもつ。
②　身近な環境に自分から関わり，発見を楽しんだり，考えたりし，それを生活に取り入れようとする。
③　身近な事象を見たり，考えたり，扱ったりする中で，物の性質や数量，文字などに対する感覚を豊かにする。

---

　保育園での生活や遊びを大切にした上で，このようなねらいが実現されるために必要な環境構成や安全に対する配慮を意識した上で，乳幼児が環境にかかわることの大切さを理解する必要がある。

## 2 「内容」の設定

　領域「環境」の「ねらい」同様，保育所保育指針や幼稚園教育要領に示された園生活全期間を通して育てていく「内容」を，実際の日々の園生活の中で適用するために，子どもの発達時期に応じて適切に具体化していく必要がある。そこで，領域「環境」の「内容」がどのように具体的に設定されていくのかを保育所保育指針を例に考えてみたい。

　1歳以上3歳未満児の環境の領域に設定されている内容は以下の通りである。

---

(イ)　内容
①　安全で活動しやすい環境での探索活動等を通して，見る，聞く，触れる，嗅ぐ，味わうなどの感覚の働きを豊かにする。
②　玩具，絵本，遊具などに興味をもち，それらを使った遊びを楽しむ。
③　身の回りの物に触れる中で，形，色，大きさ，量などの物の性質や仕組みに気付く。
④　自分の物と人の物の区別や，場所的感覚など，環境を捉える感覚が育つ。
⑤　身近な生き物に気付き，親しみをもつ。
⑥　近隣の生活や季節の行事などに興味や関心をもつ。

## 第2章 領域「環境」とは

　上記の内容を検討する際には，地域の生活や季節の行事などに触れる際には，社会とのつながりや地域社会の文化への気付きにつながるものとなることが望ましいと説明されている。また，3歳以上児については以下の通りである。

---

(イ) 内容
① 自然に触れて生活し，その大きさ，美しさ，不思議さなどに気付く。
② 生活の中で，様々な物に触れ，その性質や仕組みに興味や関心をもつ。
③ 季節により自然や人間の生活に変化のあることに気付く。
④ 自然などの身近な事象に関心をもち，取り入れて遊ぶ。
⑤ 身近な動植物に親しみをもって接し，生命の尊さに気付き，いたわったり，大切にしたりする。
⑥ 日常生活の中で，我が国や地域社会における様々な文化や伝統に親しむ。
⑦ 身近な物を大切にする。
⑧ 身近な物や遊具に興味をもって関わり，自分なりに比べたり，関連付けたりしながら考えたり，試したりして工夫して遊ぶ。
⑨ 日常生活の中で数量や図形などに関心をもつ。
⑩ 日常生活の中で簡単な標識や文字などに関心をもつ。
⑪ 生活に関係の深い情報や施設などに興味や関心をもつ。
⑫ 保育所内外の行事において国旗に親しむ。

---

　そこで，K保育所の例をとりあげ，12項目すべてを紹介することができないことから，「①自然に触れて生活し，その大きさ，美しさ，不思議さなどに気付く」「⑥日常生活の中で，我が国や地域社会における様々な文化や伝統に親しむ」と「⑧身近な物や遊具に興味をもって関わり，自分なりに比べたり，関連付けたりしながら考えたり，試したりして工夫して遊ぶ」について具体的に紹介したい（表2-7）。

表2-7　領域「環境」における発達過程区分ごとの「内容」一覧

| 期　間 | 内容① | 内容⑥ | 内容⑧ |
|---|---|---|---|
| 全期間 | 自然に触れて生活し，その大きさ，美しさ，不思議さなどに気付く。 | 日常生活の中で，我が国や地域社会における様々な文化や伝統に親しむ。 | 身近な物や遊具に興味をもって関わり，自分なりに比べたり，関連付けたりしながら考えたり，試したりして工夫して遊ぶ。 |
| おおむね6か月未満 | 散歩等を通して，外気や日差し・草木の香り等の心地よさを感じる。 | 身近な人や物等を見たりする。 | 保育者に手渡されたり，自ら目にした玩具に手を伸ばしたり，つかんだりする。 |
| おおむね1歳から3歳未満児 | 興味のある動植物に自分から近づき，見たり，さわったり，匂いを嗅いだりする。 | 日々出会う身近な人に興味をもち，自ら観察したり，近づく。 | 身の周りの興味のある玩具等との様々な関わりを試す。 |
| | 戸外遊びの中で，大好きな動植物探しをする。 | 絵本や大人の話等から様々な行事に気付き，保育者と一緒に楽しむ。 | 身の周りの物にじっくりと触れ，気に入った使い方を見つけ繰り返し遊ぶ。 |
| | 興味・関心のある自然と積極的に関わり，その特徴に気付く。 | 保育者が行事活動に参加する姿に興味をもち，一緒に真似をしながら参加する。 | 好きな遊具にじっくり触れることで気づいた特徴を生かし，見立てたりしながら遊ぶ。 |
| 3歳以上児 | 好きな植物や虫等を採集し，興味をもって観察する。 | お兄さんお姉さんの活動する姿に刺激を受けながら，自らも意欲的に行事に参加する。 | 様々な素材や道具に触れ，その使い方や特徴に興味をもちながら自由に使う。 |
| | 身近な生き物に親しみをもち，よく見たり，触れたりしながら発見を楽しむ。 | 今までの経験に加え，新たなイメージをふくらませながら，行事に楽しんで参加する。 | 身近な素材や道具を自由に使いながら，工夫したり試したりしながら遊ぶ。 |
| | 新たな発見を喜ぶと共に，その感動を分かりやすくまとめる。 | 地域の行事環境も参考にしながら，友達同士アイデアを出し合い，行事をつくっていく。 | 目的に応じた食材や道具を自由に選択し，創意工夫を楽しみながら遊ぶ。 |
| | 目的をもって観察したり調べたり実験したり，新たな発見を生かして新たな遊びを考える。 | 行事のもつ意味がわかり，活動内容や役割分担等を仲間と考え合いながら意欲的に参加する。 | 目的に応じた食材や道具を自由に選択し，創意工夫を楽しみながら遊ぶ。 |

資料：保育課程別紙資料より抜粋（K保育所・相模原市）

　表2-7から理解できることは，それぞれの「内容」が，子どもの発達過程区分に従って具体的に整理されていること。区分（年齢）が上がるにつれ，それぞれの区分の子どもの成長発達の姿に基づき具体的内容も変化していっていることである。

　たとえば，内容①の全期間「自然に触れて生活し，その大きさ，美しさ，不思議さなどに気付く」について考えてみる。

　まだ，自分では歩くことのできない生後6か月未満の子どもたちは，園外に行くときは，バギーに乗って散歩に出かける。すると，先生と一

## 第2章 領域「環境」とは

緒に太陽の暖かさや風の心地よさ，草木の香りを十分に感じ合うことができるであろう。また，生後1歳を過ぎる頃から一人で歩き始める子どもが増え，行動範囲の著しい広がりは周囲への興味関心も広げ，自由に見たり，触ったり，匂いを嗅いだりしながら思いきり自然と触れ合うことが可能になる。そして，2歳に近づくにつれ，ただ見たものに心揺り動かされるだけでなく，自分から意思をもって草花を探したり，お気に入りのダンゴムシを探したりと，ますます遊びへの意欲が高まっていく。2歳になるとさらに探索活動が活発になり，タンポポの綿毛を見つけては一生懸命吹いてみたりと，自ら発見した特徴を繰り返し楽しむ姿が見られる。

3歳では，ものごとをじっくり見る姿勢が育ち始め，興味関心のあることは長い時間飽きることなく楽しむことができ，大好きなダンゴムシを見つけては採集するだけでなく，部屋にもち帰りその動きや生活の様子を楽しみながら飼育したりする。4歳になると観察したり飼育することに加え，新たに発見したことを試したりしながら楽しんで関わる様子も見られる。たとえば，カタツムリは食べたものによってウンチの色が変わることを発見した子どもたちは，自ら仮説を立て，「ニンジンを食べたら赤？」「ムラサキキャベツを食べたら紫？」等，実験を楽しむ姿も見られる。

5歳になると，ひらがな等への興味も高まってくることから，自分が気付いたことや発見したこと等を，友達や先生に伝えようと紙にまとめたり，図鑑をつくったりする姿が活発に見られるようになる。そして，6歳頃には，昆虫の飼育等，自ら興味のある対象を選択し，育てたり，観察したり，世話したりしながら，新たな発見を楽しむと同時に，その発見を別の昆虫でも試してみる等，遊びが豊かになっていく。

このように，「子どもの育ちの特徴的な姿」と照らし合わせながら，一つ一つの「具体的な経験する内容」を考えていくことになる。

幼稚園の場合は，3歳児クラス・4歳児クラス・5歳児クラスの3学年制になることから，「おおむね3歳からおおむね6歳」までの子どもの姿をもとに「身につけていくことが望まれる内容」を考えていくことになる。

## 3 「ねらい」の設定と保育内容の具体的展開

　では，実際日々の保育の中では，どのように領域ごとの「ねらい」が設定され，具体的な「内容」が展開されていくのかを考えてみたい。

　まず，保育はどのように計画され，実践されていくのか。その一連の流れを確認すると，

① 今ある子どもの姿をとらえる。
② そこから新たな「ねらい」や「内容」を設定する。
③ 「ねらい」と「内容」に基づいて，保育者が環境を構成する。
④ 子どもが自発的に環境と関わり，遊びや活動を展開する。
⑤ 子どもが乳幼児期にふさわしい経験がなされるように，保育者が適切な援助を行う。

＊新たな子どもの姿から，ふさわしい「ねらい」や「内容」を新たに設定していく。

となる。

　そこで，この一連の流れに沿って，2つの年齢における保育の計画を例に挙げ考えてみたい。

### 事例1 Ｙ児のケース：保育所2歳児クラス

　まず，保育所特有の保育対象である，0〜2歳児クラスの子どもに注目して保育の計画について考えてみたい。

　保育所保育指針では，第1章3の(1)の中で，全体的な計画の作成について説明している。

---

　3　保育の計画及び評価
(1)　全体的な計画の作成
ア　保育所は，1の(2)に示した保育の目標を達成するために，各保育所の保育の方針や目標に基づき，子どもの発達過程を踏まえて，保育の内容が組織的・計画的に構成され，保育所の生活の全体を通して，総合的に展開されるよう，全体的な計画を作成しなければならない。
イ　全体的な計画は，子どもや家庭の状況，地域の実態，保育時間などを考慮し，子どもの育ちに関する長期的見通しをもって適切に作成されなければならない。
ウ　全体的な計画は，保育所保育の全体像を包括的に示すものとし，これに基づく指導計画，保健計画，食育計画等を通じて，各保育所が創意工夫して保育できるよう，作成されなければならない。

---

# 第2章 領域「環境」とは

　　保育所における0〜2歳児クラスを担当する保育者は，園の保育の基本計画である保育課程をもとに，より具体化した計画として年間及び月別指導計画等を作成しながら，その中で自分の担当する子どもについて個別に計画を立てていくことになる。

　　そこで，ここでは食事や排泄等といった生活習慣の形成が行われる一方で，運動機能や言葉・友達との関わり等の発達が顕著に見え始め，遊びが豊かに展開し始める2歳児クラスの子どもを例に挙げ，保育計画の流れを具体的に考えていきたい。

| 2歳児クラス（保育所）<br>Y児（平成22年5月15日生まれ）<br>平成25年7月「月別個別指導計画及び保育実践」 |
|---|

| | |
|---|---|
| ① | **今ある子どもの姿をとらえる（平成25年6月末のY児の姿）**<br>男児を中心に，園外へお散歩に出かける際には，Y児から「電車が見たい！」「またロマンスカーを見に行きたい！」等の声が必ずあがるようになってきている。そして，いつも出かける公園脇の踏切や，最寄駅の線路際フェンスから次々に目の前を走り抜ける電車を見ては，「かっこいいね！」「はやいね！」等の感想を友達と言い合ったり，電車の中のお客さんに手を振って喜ぶ姿も頻繁に見られる。 |
| ② | **そこから新たな「ねらい」や「内容」を設定する**<br>ねらい：領域「環境」の「ねらい②」<br>　　　　　様々なものに関わる中で，発見を楽しんだり，考えたりしようとする。<br>内容：領域「環境」の「内容⑥」<br>　　　近隣の生活や季節の行事などに興味や関心をもつ。 |
| ③ | **「ねらい」と「内容」に基づいて，保育者が環境を構成する**<br>天候やその日のスケジュール等に左右されることなく，Y児をはじめ電車に興味のある子どもたちは，毎日1度は電車を見に行くことができる時間をもつようにしていった。そして，保育者も電車やロマンスカーの名前を積極的に覚え，子どもと一緒に見学をしながら目の前を通ったロマンスカーの名前を一緒に言ってみたり，電車の行き先を子どもたちに教えてあげる等，電車に関する情報の広がりのきっかけをつくることにしていった。<br>また，同じ場所で電車を眺めるだけでなく，最寄駅の駅構内にも足を運び，駅の様子等にも興味をもてるような場を設定していくことにした。 |
| ④ | **子どもが自発的に環境と関わり遊びや活動を展開する**<br>毎日，午前中の散歩の時間を利用して電車を見に出かけることで，Y児をはじめ，子どもたちの口から「また今日も電車見に行こう！」との声が積極的にあがるようになってきた。そして，Y児などは，ロマンスカーや電車の名前を言うだけでなく，行き先の名前を見ては「新宿行きだ！」「本厚木行きだ！」等，毎日繰り返し見ることで形を認識した行き先の表示を見ては，それを教えてくれるようにもなっていった。<br>また，駅構内では初めは人の多さに圧倒される場面も見られたが，Y児は壁に貼られたロマンスカーのポスターを見つけると目の前までかけより，「エクセ！」「VSE！」等，ロマンスカーの名前を自慢気に友達に教える姿が見られるようになっていった。 |
| ⑤ | **子どもが乳幼児期にふさわしい経験がなされるように，保育者が適切な援助を行う**<br>園外だけでなく自分たちの保育室の中でも電車を楽しめるようにしてあげたいと考え，インターネット等を活用し電車のポスターをプリントアウトし，ラミネーターでコーティングしたものを保育室の壁に掲示していくことにした。 |

以上のように，日々の子どもたちの環境との関わりを通して，保育者は一人ひとりの子どもに添った保育を計画し実践していく。その上で大切なポイントとなってくることを次にまとめたい。

## ① 保育の計画は，「子どもの姿」から出発する

　Y児の事例からも分かるように，保育の計画は「ねらい」や「内容」ありきではなく，それまでの子どもの実態を十分に理解した上で初めて「ねらい」や「内容」が設定されることを理解してほしい。

## ② 保育計画等をもとに，<br>　より具体的な「ねらい」や「内容」を設定していく

　前述の「ねらい」や「内容」から分かるように，その時点での子どもの成長発達に合わせ最もふさわしい発達の姿を理解し，それをさらに具体化させ「ねらい」や「内容」を設定していくことが大切である。

　また，ここでは領域「環境」の「ねらい」と「内容」のみをとりあげ解説を行っているが，実際は他の領域の「ねらい」や「内容」も含め総合的に計画されていくことを忘れてはならない。

## ③ 設定した「内容」以外にも自然に経験していく姿がある

　「④子どもが自発的に環境と関わり遊びや活動を展開する」の子どもの姿からも読み取れるように，子どもは好きな遊びや活動を通して設定した内容だけを経験していくわけではなく，「電車の行き先表示に興味をもち始める姿」がY児の中で見られたように，1つの遊びを通して同じ領域の中の内容も複数同時に経験していくことが理解できる。

### 事例2 S児のケース：保育所5歳児クラス

　次に，保育所及び幼稚園に共通する対象である，3～5歳児クラスの子どもに注目して保育の計画について考えてみたい。

　保育所保育指針では，第1章3の中で，以下のように指導計画を作成する上で留意すべき事項について説明している。

---

　ウ　指導計画においては，保育所の生活における子どもの発達過程を見通し，生活の連続性，季節の変化などを考慮し，子どもの実態に即した具体的なねらい及び内容を設定すること。また，具体的なねらいが達成されるよう，子どもの生活する姿や発想を大切にして適切な環境を構成し，子どもが主体的に活動できるようにすること。

---

45

# 第2章 領域「環境」とは

　　保育所及び幼稚園における3～5歳児クラスを担当する保育者は，保育所では保育課程，幼稚園では教育課程をもとに，より具体化したクラス全体の保育の計画として年間及び月別指導計画等を作成していくことになる。

　　そこで，ここでは基本的生活習慣が確立される一方で，運動能力や思考力の高まりや，目的のある集団行動が豊かに展開されるようになってくる5歳児クラスの子どもを例に挙げ，保育計画の流れを具体的に考えていきたい。

<table>
<tr><td colspan="2">5歳児クラス<br>S児（平成19年10月28日生まれ）<br>平成25年6月「月別個別指導計画及び保育実践」</td></tr>
<tr><td rowspan="2">①</td><td>今ある子どもの姿をとらえる（平成25年5月末の子どもの姿）</td></tr>
<tr><td>5歳児クラスに進級すると同時に，それまでの磯でカニやヤドカリ等を捕まえることから，「魚釣りをしてみたい！」という意見が出始めたことにより，担任保育者が釣竿作りコーナーを準備したことで，割り箸や毛糸・紙コップ等を活用しながら思い思いに釣竿作りが始まった。そして後日，いつもの磯で魚釣りに初めて挑戦するが，見事に失敗した子どもたちは，本格的に魚釣りをしたいとつぶやき始めた。</td></tr>
<tr><td rowspan="2">②</td><td>そこから新たな「ねらい」や「内容」を設定する</td></tr>
<tr><td>**ねらい**：領域「環境」の「ねらい」<br>　　　身近な環境に自分から関わり，発見を楽しんだり，考えたりし，それを生活に取り入れようとする。<br>**内容**：領域「環境」の「内容」<br>　　　身近な物や遊具に興味をもって関わり，自分なりに比べたり，関連付けたりしながら考えたり，試したりして工夫して遊ぶ。</td></tr>
<tr><td rowspan="2">③</td><td>「ねらい」と「内容」に基づいて，保育者が環境を構成する</td></tr>
<tr><td>そこで，クラス担任は子どもたちと相談し，本格的に釣竿を作れるような環境を用意するために，近所にある釣具屋さんにみんなで出かけ，そこで知り合った店員さんから，釣竿作りに必要な道具や，釣りのコツ等を教えてもらえる機会を用意することにした。<br>また，魚への興味がさらに高まるように，自由に持ち歩きができるサイズの魚図鑑も用意し，どこでも楽しんで読んだり調べたりできるようにしていった。</td></tr>
<tr><td rowspan="2">④</td><td>子どもが自発的に環境と関わり遊びや活動を展開する</td></tr>
<tr><td>初めて釣具屋さんに出かけた子どもたちは，見たこともない様々な道具に目を輝かせながら，店員さんのアドバイスに真剣に耳を傾け，自分たちで「仕掛け作り」に挑戦することを決めた。そして，翌日店員さんに教わったとおり，子どもたちは釣り糸に重りや針等をつけ，自分専用の仕掛けを完成させていった。なかには釣り針が手に刺さったり，服に絡んだりして，悪戦苦闘する姿も見られたが，途中であきらめる姿は見られなかった。<br>また，魚図鑑をみんなで眺めながら，「（イシダイを指差しながら）こんな魚釣れたらいいね！」「サメが釣れたらどうする!?」「餌，何食べるかな？」等，魚釣り当日を楽しみにしながら，魚への興味を高めていく姿が見られた。</td></tr>
<tr><td rowspan="2">⑤</td><td>子どもが乳幼児期にふさわしい経験がなされるように，保育者が適切な援助を行う</td></tr>
<tr><td>なかには初めて糸を結ぶ経験をした男児もおり，悪戦苦闘する姿も見られたが，保育者が隣で見守りながら結び方のコツを丁寧に伝えていったことで，誰一人あきらめることなく，集中して最後まで挑戦する姿が印象的であった。<br>また，後日マイ釣竿をもって，また江ノ島の磯に出かけられるように，帰りの会の際には今度いつ江ノ島に出かけるかを子どもたちと一緒に相談する機会をもち，週末に出かけることが決まった。</td></tr>
</table>

以上のように，幼児においても日々の子どもたちの環境との関わりを通して，保育者は一人ひとりの子どもの気持ちに寄り添いながら，クラス全体の保育を計画し実践していく。その上で大切なポイントとなってくることを以下にまとめたい。

①　保育の計画は，「子どもの姿」から出発する。
②　保育計画等をもとに，より具体的な「ねらい」や「内容」を設定していく。
③　設定した「内容」以外にも自然に経験していく姿がある。

　「④子どもが自発的に環境と関わり遊びや活動を展開する」の子どもの姿からも読み取れるように，子どもは好きな遊びや活動を通して設定した内容だけを経験していくわけではない。「魚図鑑を見ながら魚への関心を高めていく姿」からは，複数の「内容」が同時に経験されていく姿を確認することができる。

# 第2章 領域「環境」とは

① 子どもたちが興味や関心をもつ，身の周りにある様々な環境との関わり（自然や社会事象等）について，年齢ごとに整理し，表にまとめよう。
② 子どもたちが日々楽しんでいる具体的な「遊び」や「活動」をとりあげ，それらを通して，領域「環境」の「内容」12項目の中で子どもが自然に「経験していくと予想される内容」について具体的に考えよう。
③ 「ねらいの設定と保育内容の具体的展開」について，具体的な子どもの姿をとりあげながら，テキスト中の「保育の計画及び実践の流れ」を参考にしてまとめよう。

## 参考図書

◎ 柴崎正行・若月芳浩編『保育内容「環境」』ミネルヴァ書房，2009年
◎ 森上史朗・柏女霊峰編『保育用語辞典——子どもと保育を見つめるキーワード』ミネルヴァ書房，2013年
◎ 文部科学省「幼稚園教育要領解説」2018年
◎ 厚生労働省「保育所保育指針解説」2018年

# 第3章

# 領域「環境」の指導

領域「環境」を通して，保育者が子どもに経験させたいこと，またはぐくんでほしいこととは何か。第1節では，子どものどのような姿をとらえて指導していくことが適切なのか，保育者の指導のあり方について考えていく。第2節では，事例を挙げながら，子どもがそこで何を経験し学んでいるのか，子どもの探究心や好奇心がさらに高まるように，保育者はどのような援助をしていくことが求められるのかについて具体的に解説をしていく。

 ## 第1節　領域「環境」における保育者の指導とは

　子どもを取り巻く「環境」は多岐にわたっている。一般的には，宇宙や地球，樹木や動植物等の自然環境や，建物や通信機器等の物的環境，家族や友達，近隣の人々等の人的環境のそれぞれが関わることで醸し出される雰囲気等が挙げられるであろう。空間や時間といったことも，人が生活する上で欠かせないものであるため，環境の一つとしてとらえることができるであろう。しかし，同じ環境のもとで生活をしていても，その環境のとらえ方や感じ方は同じではなく，人によって異なるのである。ある人にとっては，通信機器であるパーソナルコンピューターが生活する上で欠かせないものであっても，ある人にとってはただの機械の一つでしかなく，まったく必要性がなく何ら関心を示さないこともある。つまり，主体がその環境に関心を示さないものは環境とはなりえないのである。

　「環境」のねらいとして，「身近な環境に親しみ」「身近な環境に自分から関わり」「身近な事象を見たり」と書かれているが，身近な環境とは，どのような環境なのだろうか。保育における「環境」とは，子どもたち自身が関心を示し直接的な関わりをもつことを前提とし，一人ひとりの育ちに意味をもたらすものととらえなければならない。子どもたちが意欲的に関わっていく環境こそが，子どもにとって身近な環境といえるのである。身近な環境とは，生活空間においての距離や時間の長短だけで

第3章 領域「環境」の指導

はなく，親しみや馴染みやすさ等の心理的な距離が近いことなのである。保育者は，子どもたちがその環境に主体的に意欲的に関わっていけるように環境を構成し，その関わりを通して子ども自身が発達に必要な多様な経験をし，充実感や達成感等を得ることができるような生活を保障していかなくてはならないのである。

## 1 子どもが何を経験しているのか理解し，その経験を深めるために保育者がなすべきことへの理解を明確にもつ

　「環境」の領域においては，子どもは周囲の者に親しんだり関わったりしながら多くの「学び」を獲得する。保育者は，子ども自身の主体的な経験や体験を通して多くのことを学び取っていけるようにという思いをもちながら，環境を構成し子どもたちと生活をしている。ただ，「学び」というと，保育者が子どもたちに様々なことを伝え，教え込むことがよいのではないかと感じるかもしれない。しかし，「学び」とは，誰かに教わってただ単に知識の量を増やしていくことではない。「学び」でまず大事なことは，子どもが「なぜ」「どうして」と疑問に思ったり，発見したり，「すご～い！」「きれい」と感動したりすることを通して学ぶことである。このように気付いたり感じたりすることが，さらに「知りたい」「やってみたい」という意欲につながっていくのである。

　保育者は，子どもたちの「不思議だなぁ～」とか「うわぁ～！」という心の中も含めたつぶやきを見逃さず，そのことに共感し，共鳴していくことが重要である。子どもたちがそこでの経験を積み重ねる過程で，「分かったこと」がやがて知識となって蓄えられていくのである。

　「学ぶ」ということは，大人が理想として掲げているようにまっすぐに順調に進んでいくものとは限らない。ときには，物を壊すこともあれば，友達を傷つけてしまうこともある。このような子どもの姿は，保育者にとっては気になる子として映ってしまうかもしれない。「学ぶ」ということは，役に立つことだけを身に付けるのではなく，大人から見てまちがいとか無駄と感じることも，子どもたちの新たな知恵を見いだすきっかけとなるのである。保育者はこのようなことを念頭におき，今子どもが何を経験しているのか，また，子どもがその経験をより深めるために何をなすべきかとの両方の理解を明確にもつことが重要である。

　同じ環境に関わっても，その主体である子どもの発達や心的状況の違いにより子どもが経験していることは異なってくる。つまり，そこで学

んでいることは個々の子どもによって異なり，それに伴って保育者の指
導も一様ではないのである。

## 2 子どもの主体性と直接的な体験を重視すること

　子どもにとって「分かる」ということは，頭での理解というよりもむ
しろ，身体で感じ取ったものを通した理解といえる。つまり，感性を豊
かにはぐくむことにより子どもは自分なりの知識を獲得していくのであ
る。子どもの感性をはぐくむためには，視覚・聴覚・触覚・味覚・嗅覚
といった五感が研ぎ澄まされる体験を重ねていくことが重要であり，保
育者はこのような体験がなされるように環境を構成していくことが大切
である。

　目で見るということは，情報を獲得していくための一番の手段である。
子どもは関心を示したものに関しては，長い時間見入っていることがあ
る。アリの行列をしゃがみ込んでじーっと見ている子，図鑑や絵本の同
じページを何度も繰り返しじっと見ている子がいる。大人からすると飽
きないのかしら？　と思うが，子どもは見るたびに新たな情報を得てい
くので，飽きるというよりも毎回が新たな発見なのではないだろうか。
大人が思う以上に子どもは深く感じ取っているので，こんな子どもの姿
と時間を大切にしていきたいものである。

　聞くということは，おなかの中にいる頃から始まっている。お母さん
がおなかをさすりながら，中にいる赤ちゃんに語りかけている。もちろ
ん，実際に言葉が聞こえ，その言葉の意味を理解しているわけではなく，
お母さんの語りかける口調から何かを感じ取っているといわれている。
つまり，子どもの耳はひじょうに敏感なのである。雨の音，風の音，虫
や鳥の鳴き声等を耳を澄まして聞くという機会をもち，豊かな感性をは
ぐくむことにつなげていきたいものである。

　触るということは，手を使うということである。手は様々な神経が通っ
ているため，手を使うことは脳を刺激するためにとてもいいこととされ
ている。1歳半くらいの子どもの食事の場面を見ていると，スプーンや
フォークはまだ使えない。それでも，自分で食べたいということで，何
でも手づかみで食べている姿を目にすることがある。母親にしてみると，
手はもちろん口の周り，テーブルや床までも汚れるからいやがることで
もあるが，大切にしたい姿である。砂や土，粘土を触るということも同
様である。自然物は，手触りや形態の不均質さがあり，多様性，複雑性

# 第3章 領域「環境」の指導

がある。粘土は，形をつくることだけでなく，手で得る感覚からの見立ても可能にしていく素材である。これらの感触を存分に味わいながら，子どもたちはいろいろな見立てをしたり，目的をもって何かをつくったりして遊ぶ。

　赤ちゃんは生まれてすぐに口でお母さんのおっぱいを探す。これは本能としてもち合わせていることなのである。食べるということは人が生きていくための条件の一つである。味覚というものは環境によって変わってくる。たとえば，何か悩みごとがあるときに好きなものを食べてもおいしいとは感じない。しかし，楽しい雰囲気の中では苦手なものもおいしく感じることもある。このことから，味覚は精神面とつながる敏感な感覚であることが分かる。保育者は，子どもが「食べたい」「おいしい」と感じていけるよう，しっかり体を動かして遊ぶ時間を設け，睡眠時間をたっぷりとるように家庭と連絡を取り，子どもの生活のリズムを整えていくことや，園で飼育栽培等をして友達と同じものを食べ，味覚を共有できるようにすること等が大切である。

　においは取っておくということがむずかしく，その場だけの体験となるのであるが，記憶として自分の中に保存されていく。たとえば，消毒液のにおいを嗅ぐと注射を思い出す等である。またにおいは，いいにおいだけでなく，鼻をつまみたくなるような異様なにおいと出合うこともある。においから感じたことやいつものにおいとは違う等，気が付いたことを伝え合える環境や関係を築いていくことが大切である。腐ったものから自分の身を守り，その処分の仕方等を具体的に知らせていくという援助も必要である。

　五感というのは，通常生まれたときからそれぞれもち合わせているものであり，誰かに教えられて機能することではない。感覚は，基本的に生得的なものであるが，感覚が働く対象と出合わないとその力はどんどん鈍くなっていくものである。また，行為は同じであっても感じ方はそれぞれである。そのため，保育者は五感を刺激する体験を子どもたちにもたらしていくと同時に，子どもたち一人ひとりの感じた気付きに共感し，それを肯定していくことが大切である。子どもが直接体験して感じ取ったことは，ただ単に教えられたことの知識ではなく，自分が体験して学び取った知識になるのである。この体験は，生きる力につながるものであり，生きる力を育てる保育の実践となるのである。

## 3 子どもの心身の発達に即応する

　乳幼児期の心身の発達は著しく，数か月の違いで，ものの見方や考え方，扱い方が変わってくる。1年となればこの差はかなりのものである。もちろん，年齢だけでなく，経験値の差ということも大きく関わってくるということを忘れてはならない。保育者は年齢や発達の違いを念頭におき，年齢に合った経験をしていけるように計画を立てている。その際に特に留意しなくてはならないことは，これまでの経験の有無や違い等，個人差に即応するような配慮をしていくことである。

　年齢や経験によって，子どもは何に興味や関心をもつか異なってくる。たとえば，3歳のアキラはアリを捕まえることに夢中である。捕まえるために，アリを手でつぶし，アリはかろうじて生きているといった様子である。保育者は，アキラに「アリさん痛いって」「アリさん弱っちゃっているよ」とたびたび声をかけてもアキラはまったく気に留める様子はなく，アリを捕まえ続ける。

　アキラはとにかくアリを捕まえたいという強い欲求を優先させており，アリが命あるものであることが分かっていない。保育者は，命の大切さも知らせたく，「アリさん痛いって」「アリさん弱っちゃっているよ」と声をかけるが，この時点ではアキラにその思いは伝わっていない。アリに命があるということを知らせていくことはもちろん大切なことであるし伝えていくべきことであるが，ここでは保育者は，アキラのとにかくアリを捕まえたいという気持ちと3歳という年齢を考慮し，その行為を受け入れていくことにした。アリを捕まえることに満足すれば，捕まえたアリを見て元気がないということに何かしらの形で気が付くであろう。このように気が付いたときに，子どもは「どうしたんだろう」「かわいそう」等と考え始めるのである。

　大人は，自分が身をおく環境に慣れてくると，毎日がただただ淡々と過ぎているように感じてしまうことが多い。しかし，子どもたちは毎日同じことの繰り返しだとしても，その中で様々なことと出合い，発見しながら生活しているのである。「これなぁに？」「どうしてこうなるの？」等，内発的動機を洞察し，子どもにその対象についてもっと知りたいという探究心が湧くようにしていくことが大切である。そこで子どもは，どうすればいいのか，こうしてみようと試行錯誤し，分かった，できた等の達成感を味わうのである。このようなことから，子どもの心身の発達に即応するということは，目の前にいる子どもが何に興味や関心を

第3章 領域「環境」の指導

もっているのかを子どもの発達を考慮しつつ理解して，その興味や関心に即した素材を用意するとか「何でだと思う？」と一層子どもと環境との関わりが深まるような援助をしていくことなのである。どんな場面においても，子どもの興味や関心から始まる指導が大切なのである。

## 4 「環境」のもつ教育的意義と 子どもが関わっている対象への確かな知識をもつこと

　領域「環境」では「周囲の様々な環境に好奇心や探究心をもって関わり，それらを生活に取り入れていこうとする力を養う」ということが目指されている。そして，「ねらい」は，「身近な環境に親しみ，自然と触れ合う中で様々な事象に興味や関心をもつ」「身近な環境に自分から関わり，発見を楽しんだり，考えたりし，それを生活に取り入れようとする」「身近な事象を見たり，考えたり，扱ったりする中で，物の性質や数量，文字などに対する感覚を豊かにする」という3つが掲げられている。そして，12項目の「内容」を通して達成していけることが望ましいとされている。

　保育者は，これらのことを念頭におき，子どもの実態に合わせて保育者の願いを重ね，一人ひとりの「ねらい」と「内容」を設定していく。そして，その「ねらい」が達成されるためにはどのような方法を取ることが適切なのかを検討していかなければならない。これが，環境を構成していくということなのである。環境を構成するということは，ただ単に物の数や配置を考えていくことだけではないのである。適切な環境を構成していくためには，子どもの状態を把握していくことはもちろんであるが，子どもが関わっている対象への知識もきちんともっていなければならない。たとえば，子どもがのこぎりやかなづちに興味をもち，木を使って何かをつくりたいといっても，保育者に道具の使い方の知識がなければ，子どもに安全な使い方を伝えることはできない。このほかにも保育者側がもつべき知識の中には，小動物の生態等，たとえばアリ等の成長の過程や飼育環境，食草等の知識やトマトやナス等の栽培方法，四季の気象や太陽・月・星・宇宙等の知識等，様々な分野についての基本的な知識や，飼育栽培に当たっては，衛生面や安全の知識もなければならない。また，家庭や地域での子どもの生活を知るということも大事なことである。お祭り等，地域の文化的な行事や施設について知ることは，子どもとの共通の話題をもつことであり，子どもとの関係をより深めていくことにもつながるのである。

保育とは，日常生活に密着しているので，日常生活で必要な基本的な家事である炊事・洗濯・掃除がしっかりとできるようでなければ困るのである。現在は，家事に関して手間を省いた便利なものが出回っている。家庭ではそのようなものを使っているからこそ，園生活においては手作業で行う経験をもつようにしていきたい。

　「周囲の様々な環境に好奇心や探究心をもって関わり，それらを生活に取り入れていこうとする力を養う」という育ちを援助していくためには，保育者は多方面の基本的な知識をもつことが要求されるのである。

## 5 意図的に子どもが「環境」と出合えるようにしていくこと

　遠足に行ったり，近くのスーパーへ買い物に行ったり，園内では見たり経験したりできないことに触れることができるように，保育者は意図的に環境を構成していくことがある。園外に出るということは，子どもたちにとっては楽しみであっても，保育者にとってはいつも以上に神経を使うたいへんな活動である。それゆえ，事故のないように，迷子にならないようにということばかりに気がいってしまいがちである。もちろん，事故やケガが起こらないことは大前提であり，そのための指導は欠かせない。しかし，せっかくいつもとは違う環境に出たのであるから，非日常の多様な体験ができるようにしたいものである。

　5歳児の子どもたちが，お泊まり会に向けてスーパーに買い物に行くことになった。夕飯のカレーに必要な材料と，翌日の朝飲むジュースを一人ひとり好きなものを選んで自分で買うのである。カレーに必要な材料は前もってクラスで話し合い，何を買うかみんなで相談し，忘れ物がないようにとメモをもって出かけた。品物に関しては，種類は指定したが，どれにするかは子ども自身が決め，選んだ子は保育者にお金をもらって買い，お釣りをもらうことができるように仕向けていく。

　保育者はこのように意図的に環境をつくり，子どもたちが買い物をするという体験ができるようにしている。この体験の意図には，自分で好きなものを選ぶことや，買うという楽しさを味わう，また物を買うためにはお金が必要であるという社会の仕組みを知ることも入っている。そして，このような体験を自信とし，お泊まり会をより楽しみにしていくということをねらいとしているのである。それ以外にも，スーパーに行くまでの交通ルールを守ることの大切さや，スーパーでほかの人に迷惑がかからないようにするためにはどうしたらよいのかという公共の場で

第3章 領域「環境」の指導

のルール，カレーに必要な材料を話し合って決めるという活動も含まれている。スーパーに買い物に行くという一つの活動をとっても，保育者の意図は多方面に伸びている。このことから，意図して「環境」をつくってはいるが，指導は「環境」の領域だけではなく，総合的な指導になっていることが理解できるであろう。

意図的に子どもが「環境」に出合うようにしていくことは，上に挙げた非日常な活動だけではなく，日常の生活でも見られる。たとえば，子どもが文字に興味や関心を抱いていけるように，5歳児のクラスではクラスで歌っている歌の歌詞を書いて掲示するということもあるし，あいうえお表を貼っておくということもある。子どもが知りたいということであれば，子どもの目につくところに，その対象のものが書かれている図鑑を用意しておく等ということもある。

保育者はこのようなことをさりげなく行い，部屋の環境を構成している。このように意図的な環境づくりは，子どもに何を体験させたいか，今何を体験させることが必要か，また子どもが何を知りたいと思い，何を必要と感じているのか，子どもの実態をしっかり把握し，保育者も共に感じ，知り，探ることを楽しんでいかなくては，保育者の意図が子どもの発達に意味をもつものとはならないのである。

## 第2節 領域「環境」の指導の実践例

近年は公園が減っている上に，公園の姿の変化が見られる。衛生面の管理のむずかしさから砂場がなくなり，遊具の老朽化に伴って遊具が撤去されそのままの状態となり，遊具がない広場になっている。それに加え，ボール遊びも禁止されている。逆に，近隣のコミュニティーセンター等，乳幼児が室内で遊べる場は増えてはいるが，限られた空間で遊具も家庭にあるものと変わらず，子どもたちの遊びの場というよりも，母親のための集いの場としての利用価値のほうが比重を占めている。それはそれでいいことであるが，子どもたちは園に入園するまで砂に触ったことがない，ダンゴムシを見たことがない等，自然に触れながら遊ぶという経験が年々減少しているように思われる。

幼児期は，人間としてよりよく生きるために必要な，心身の発達の基礎を培う重要な時期である。特に心情，意欲，態度等の生きることへの

姿勢や自主性，豊かな感性や感情，自ら考えることの楽しさ等は，幼児期にその基礎が培われるといっても過言ではない。

　先に述べたように，現代社会における子どもを取り巻く環境は，決して豊かであるとは言いがたい。したがって，園では子どもたちが直接触れたり，感じたり，気が付いたり，考えたりする体験がもてるような豊かな環境を構成することが求められる。

　園が子どもにとって望ましい自然環境や社会環境を構成することは言うまでもないが，環境はただそこに存在するだけでは意味がない。園や地域の環境を，子どもの発達に寄与する体験となるようにしていくための保育者の指導が不可欠となる。ここでは，保育者が子どもたちの姿をどのように受け止め，どのように関わり，働きかけているのかを事例を通して考えていく。

## 1 子どもの興味や関心，発達の実態に即し，満足感や達成感を味わえるようにする指導

　大人は，環境に慣れてくると，毎日が淡々と過ぎているように感じてしまうことが多い。しかし子どもたちは，毎日の同じことの繰り返しの中で，様々なことと出合い，発見しながら生活しているのである。保育者は，日常の園生活の中で子どもたちがどんな出合いをしているのか，何を不思議と思い，どんなことを発見しているのかを察知していけるように努めていくことが大切である。そして，子どもの興味や関心，発達の実態に即した指導を行い，子どもの「知りたい」「つくりたい」「やり遂げたい」等の欲求が満たされ，達成感が味わえるようにすることが大切である。

### 事例1 「丸いおだんごがつくりたい！」
### （2歳児　3月）

　サワは砂場でおだんごをつくろうと，キュッキュッと一生懸命握っている。しかし，いくらやっても思うようにできず，「できない！」と言って大声で泣き出す。担任は「むずかしいねぇ～」と言いながら様子を見守る。するとそばにいた3歳児のユイが「お水をつけるんだよ」と教えてくれる。担任は「サワちゃん，お水が必要なんだって！　ユイちゃん，どうやってお水をつけたらいいの？」とユイに聞くと，ユイは「これ（カップ）にお水を入れて砂にかけて，それを使うの」と教えてくれる。サワ

57

# 第3章 領域「環境」の指導

は担任と一緒にユイが教えてくれたとおりにおだんごをつくり始める。砂は手で固まるようになったが,「丸くならない」と再びサワが泣き出す。ユイはサワのことをずっと気にかけてくれていたようで,「こうやってやさしくキュッキュッてやるんだよ」とやって見せてくれる。その後もなかなか思うようにできずに泣きながらおだんごづくりを続け,やっと1つ,まだまだいびつではあるが丸いおだんごができた。

　サワは丸いおだんごをつくりたいという思いから,泣きながらもあきらめずに取り組んでいる。サワの性格もあるが,周りにいる友達が楽しそうにおだんごをつくっている姿を見ているため,それに刺激を受けて「やってみたい」という気持ちになっていることが,この事例から読み取ることができる。
　丸いおだんごをつくるという過程の中で,サワは様々なことを感じ取っている。サラサラの状態だと握っても固まらないが,水を含むと固くなるという砂の性質や,おだんごをつくるときの力加減。これらのことはたとえ保育者であっても,子どもにその加減を伝えていくのはむずかしい。とにかく子ども自身が感覚を感じ取り,身体で覚えていくしかないのである。このように,五感を通しての学びは,その対象となるものとの関わりを深めていくことにつながるのである。どうしたら固くなるのか,どうしたら途中で崩れないでできるのか,子どもは試行錯誤しながら学んでいく。しかし,これは年齢が低いほどむずかしい。保育者は子どもがどの程度欲求しているのか見極めて対応していかなくてはならない。子どもに感じ取ってほしいからと,子ども自身に任せてしまうとうまくできないために,意欲が失われていく可能性がある。子どもが「またやってみよう」とか「もっと知りたい」「自分でできるようになりたい」と思うような援助をしていくことが大切である。

### 事例2 「僕だってできるよ」
　　　　（4歳児　5月）

　ユウトはブロック遊びが得意である。想像力を働かせ休む暇なくブロックをつなぎ合わせ,見事な船や武器等をつくり上げている。リュウはユウトのことをじっと見ている。担任は「リュウくんもやる？　まだ

ブロックあるよ」と声をかけるが，リュウは首を振りその場を離れていく。そんな日が数日続いた。担任は，リュウはユウトと遊びたいのか，それともブロックに興味をもっているが一歩踏み出せずにいるのか，リュウの様子を見守っていた。それからしばらくしたある日，担任は，リュウが真剣な面持ちでブロックで何やらつくり始めていることに気が付いた。それは，ユウトがつくる作品と同じように立派なものであった。リュウはできあがると担任を呼び，「見て！　豪華客船！」と得意気に見せてくれた。担任は「すごい！　お客さんたくさん乗れるね！」と答えた。

　その日以降，ユウトとリュウはそれぞれつくったものをつなぎ合わせて遊んだり，互いに武器をつくって目には見えない敵をやっつけて遊んだりする姿が見られるようになった。

　担任は，リュウの姿を見て「やりたいけれど一歩が踏み出せないのかな」と思い，声をかけた。しかし，リュウはその場を去ってしまう。そのため，担任はリュウの気持ちをほかの場面で読み取るようにし，どのように関わっていくことがいいのかを考えていた。そんなときに，リュウが自分からブロックで遊び始めたのである。遊んでいるときのリュウの姿から，リュウは「僕だってできるよ」と思いながら，ユウトがつくるものを見ていたと読み取ることができる。しかし，その場になかなか入っていけなかったのである。そして，その場に入りブロックを手にできたとき，リュウは自分自身を誇らしく感じたのではないだろうか。それは，自分自身でその場に入っていくことができたからである。きっと「自分でそうしたい」という思いがあったから，担任の声かけには応じなかったのであろう。

　自分の思いをすぐに表現したり行動に移していくことができる子もいれば，なかなか一歩が踏み出せないという子もいる。子どもは子どものペースで一歩を踏み出していく。自分自身で踏み出すことができたことに大きな意味がある，ということがこの事例を通して感じられる。

　担任は，そんなリュウの気持ちをしっかりと受け止めている。だからこそ「リュウくんブロックで遊んでいるんだ」と声はかけずに，リュウが「豪華客船」と言ってきたときに，担任は「お客さんいっぱい乗れるね」とリュウの達成感を高める言葉をかけているのである。

　この言葉は，リュウだけでなくユウトにも刺激を与えているということが分かる。ユウトがリュウの作品を認め，互いに刺激を受けたからこ

# 第3章 領域「環境」の指導

そ，それぞれつくったものをつなぎ合わせていったのである。
　このように，遊びの中で達成感を高めていくということは，本人だけでなく周りにも影響していくのである。これは，友達を認め合うことや関係を広めたり深めたりしていくきっかけにもなる。

　子どもが関わっている対象は同じであるが，発達の違いによって関わり方が違ってくる。事例3〜5はアリを捕まえるという内容であるが，発達の段階の違いによって，関わり方や興味や関心を抱く内容に違いが見られる。

### 事例3 「僕もアリさん捕まえたい！」
（3歳児　5月）

　ヒロトは園庭を歩いていると，その場に急にしゃがみ込んだ。担任はどうしたのだろうと思い，ヒロトの所に駆け寄った。ヒロトがじっと見つめている先にはアリが忙しそうに歩いていた。担任は，ヒロトがアリに興味をもっていることを察し，その場では特に声をかけず，隣にしゃがんで一緒にアリを見ていた。ヒロトはしばらくそのアリの様子を見ていたが，次の瞬間アリを捕まえ始めた。しかし，アリはヒロトの手の隙間から逃げてしまい，なかなか捕まえることができない。すると今度は立ち上がり，足でアリを踏みつけ，アリが弱ってヒクヒクすると次のアリを見つけて同じことを繰り返した。担任は「アリさん痛そうだよ」とか「アリさん弱っちゃったね」と言いながらヒロトの様子を見守っていた。

　ヒロトの行動は，大人からするととても残酷に思うであろう。しかし，ヒロトは生き物に命があるということをまだ分かっていない。そのため，自分が足で踏んだからアリが死んでしまったとも思っていないし，死んでしまうという理解もないのである。このことは，担任が「アリさん痛いよ」とか「アリさん弱っちゃったね」と声をかけても，関心をもたない姿から読み取ることができる。
　担任はヒロトに「アリさん痛いよ」「アリさん弱っちゃったね」と声をかけているが，「やめよう」とは言っていない。どうして担任はやめさせようとしなかったのだろうか。それは，今ここでヒロトに「アリさんかわいそうだからやめようね」と言っても，ヒロトにはその意味が伝わらないということを担任が分かっているからである。今，ヒロトが取

り組んでいることはアリを弱らせることではなく，捕まえることなのである。とにかく，ヒロトはアリを捕まえたくてしょうがないのである。捕まえたい，でも手で捕まえようとしてもうまくいかない。そこで思いついたのが足で踏むことであった。ヒロトは，自分自身で考えたことを試し，それがうまくいったというおもしろさを感じているのである。担任は，そんなヒロトの気持ちを読み取っているからこそ「やめよう」とは声をかけていないのである。だからといって，担任はヒロトの行為をただ見守っているだけではない。「アリさん痛いよ」「アリさん弱っちゃったね」と，ヒロトがアリの変化に気付いたり，命の大切さということに関心がもてるような声をかけている。この働き掛けは，すぐに伝わるものではないが，「先生はこう思うよ」と保育者の思いを伝えていくことはとても大事な働き掛けである。

　特に小動物の飼育や採集，栽培等では，対象の生命が犠牲になることも少なくない。この事例でもアリの生命の尊重は二の次になっている面もぬぐえず，保育者も大いに悩みつつ指導にあたっている。何でも，いつでも，子どもの行為が優先されるべきものではない。その場の状況や子どもの発達に即応しながらの臨機応変な指導が求められる。筆者は，保育者の基本的な姿勢として，生き物への深い愛情，生命を尊重する思想や態度をもつことが大切であると考える。発達に意味のない子どもの行為やおもしろ半分の残虐的行為等に対しては，保育者の命を大切にする思いを厳然と伝え，行為を中止させることも大切な指導となる。

### 事例4 「こんなにいっぱい捕まえた！」
（4歳児　4月）

　アキラは，片手にシャベル，もう一方の手には飼育ケースをもち，アリを探し始める。アキラは，うまい具合にシャベルですくうようにして捕まえている。担任は「なるほど！　そうやってシャベルで捕まえるんだね」と声をかけると，アキラは「そうだよ。アリは手でさわると弱っちゃうんだよ」とアリを捕まえながら答える。アキラは夢中になってアリを捕まえ，飼育ケースの中にアリがいっぱいになると，「見て！　こんなにたくさん捕まえたよ！」と友達や担任に嬉しそうに見せてくれた。担任は「たくさん捕まえたね！　何匹いるんだろう」と言うと，アキラ

# 第3章 領域「環境」の指導

は「100匹くらいかな」と得意気に答えた。

アキラは虫が大好きである。そのため，しょっちゅう虫探しをして遊んでいる。いつの頃からか，アキラは手ではなくシャベルを使ってアリを捕まえるようになった。担任は，年長児がシャベルを使ってアリを捕まえているので，それをまねているのかなと思い，機会を見てアキラに聞いてみようと思っていた。しかし，担任は「どうしてシャベルで捕まえるの？」と聞かず「なるほど，そうやってシャベルで捕まえるんだね」と声をかけている。ここから，アキラの行動を認めていることが読み取れる。子どもは頭で考えて行動するよりも，身体で感じ取って行動していくのである。そのため，「どうして？」と聞かれても答えに困ってしまう。子どもは認められていることを感じると，意欲が増すと同時に自信もつくのである。それは，担任の声かけに対して，アキラは「そうだよ」で終わらせないで「アリは手で触ると弱っちゃうんだよ」と答えていることからも読み取れる。また，「見て！　こんなにたくさん捕まえたよ！」と友達や担任に嬉しそうに見せてくることや，「100匹！」と答える姿からも感じ取ることができる。

保育者は，子どもに話をしたり問いかけたりするときに，子ども一人ひとりの実態に合わせていく。もちろん，子どもたちはこちらが予想もしない言動をとることも多いので，そのときの保育者の感情が言葉に出ることも少なくない。しかし，ここでは，今この子には何を言うべきか，どう問いかけるといいのかと考えながら言葉を選んでいるのである。保育者に聞くとそこまでの意識はなく，「何となく」と答える人がほとんどではないかと思う。それは，子どもの実態をしっかりと把握しているからこそ，瞬時に的確な言葉が出てくるのである。子どもたちの感性を豊かにしていくためには，まず保育者自身も感性を磨いていくことが必要である。

### 事例5① 「アリが好きなものを探すぞ！」
（5歳児　5月）

ケイとシンゴは1週間ほど前からアリを捕まえ始めた。飼育ケースに土を入れて霧吹きで湿らせ，そこに捕まえたアリを入れている。アリを捕まえることに満足すると，飼育ケースを部屋に置き，ほかの遊びをし始める。毎日アリを捕まえて飼育ケースに入れているため，その前に捕まえたアリが弱っていることや，死んでしまっていることに気が付いてはいる様子である。しかし，それに対して2人は何をするでもなく，新

たにアリを追加していくのである。

　担任は，本人たちが何か気が付くことを期待しながら1週間様子を見たものの，変わらないので2人に声をかけた。

　担任が「アリ飼っているの？」と聞くと，ケイ「うん，そうだよ」と答える。担任「そっかぁ～，でもこの中のアリ，死んじゃってるのもいるよ」と指摘をすると，ケイとシンゴが黙ってしまう。担任が「知ってた？」と聞くと，2人は「うん……」とバツが悪そうに答える。担任は「知っていたのにそのままにしていたの？　それは飼ってるっていわないよね」と，2人が自分たちの行動に責任をもつことを伝えたく，少しきつめの口調で言う。そして続けて「飼いたいんだよね？」と確認をする。ケイとシンゴは「うん」と言って頷くと，担任は「そうだよね。だから捕まえているんだもんね。飼うってどういうことかな？」と聞く。するとケイがすぐに「ちゃんとお世話をする」と答える。担任が頷くと，ケイは「ごはんをあげたり，きれいにしてあげたりする」と自分なりの考えを言う。担任は，ケイの意見を「そうだよね」と言って認めると，シンゴが「よし！　アリのごはんを探しに行くぞ！　アリは甘いものが好きだから……」と言い出し，ケイも「死んだ虫とかも運んでるよ」と自分の知っている情報を伝え合う。すると，シンゴが「そうだな。よし！それじゃあ手分けして探すぞ！」と言って，2人は園庭に餌になるようなものは落ちていないか探し始めた。しばらくしてから担任は，それぞれに「どう？　見つかった？」と声をかけた。2人の答えは「まだ」であった。

**事例5②**「アリが好きなものを探すぞ！」
　　　　　（5歳児　5月）

　それからしばらくして2人が担任の所にやってきて「先生，なんか飴とかもってない？　探したんだけれど，甘いものとか落ちてないし，死んだ虫も見つからないんだよ。だから，なんか甘いものもってない？」と聞いてきた。担任は「そうだなぁ～，あるかなぁ～」と言って職員室に見に行った。そして，砂糖とビスケットと飴をもって「これならあったよ」と言って渡した。2人は何にするか相談し，まず飴を入れ，続けてビスケットを細かく割って飼育ケースに入れた。たびたび様子を見るものの，食べている様子はなく，翌日は登園してくると，すぐどうなっているか様子を見ていた。そして，アリは何を好むのかアリの生態に興味をもち，アリの動きを観察したり，図鑑で調べ始めた。

# 第3章 領域「環境」の指導

　担任は，ケイとシンゴのこれまでの経験からも，2人はアリを捕まえることを楽しんではいるが，それだけで満足しているようには感じられなかった。担任としても2人にこの遊びを通して，生命の大切さに気付き，自然に対する畏敬の念をもてるようにしたいという思いがあった。そこで，担任は2人の様子を見て，声をかけたのである。担任は，まずアリをどうしたいのかを確認している。「飼っているの？」という聞き方をしたのは，飼育ケースに土を入れ，霧吹きで湿らせていることから，アリが好む環境をつくっているということが分かったからである。そして，飼うためにはどうしたらいいのか，子どもが自分たちの行動に責任をもっていけるように問いかけている。この問いかけによって，2人は自分たちが曖昧にしてきてしまったことについて，立ち止まって考えることができたのである。そして，何をしたらいいのか考え，自分たちで行動し始めたのである。

　しばらく探したが，餌が見つからない。探しても見つからない場合，あきらめて別の遊びを始めてしまうことも考えられるが，担任に相談しに来るという姿から，自分たちの行動に責任をもち始めたことが読み取れる。そこに，事例5①と事例5②の2人の姿に違いが見える。担任は，子どもが考えて言ってきたことを実際に試していけるように素材（餌）を用意している。実は，ここで担任はほかの案をもっていたのだが，それはあえて言わずに子どもの意見を尊重し，子ども自身が試した上で気が付いていけるよう配慮をしている。

　このように，子どもが興味や関心を示していることに関して，保育者がちょっとしたきっかけを投げかけることにより，遊びが発展していくのである。保育者が子どもの考えたことに耳を傾け，子どもが思いついたことや考え出したことを尊重していくことが，子どもが自分の思いを実現していこうとする意欲や探究心をはぐくんでいくことにつながる。

　これまでにとりあげた事例はアリを捕まえるという遊びである。子どもが何に興味や関心をもっているかはそれぞれである。これは，年齢の違いもあるが，これまでの経験によっても変わってくる。保育者は，子どもたちの興味や関心がどこに向いているのかを把握し，そして，必要なところでの援助をタイミングよくすることを心がけていかなくてはならない。子どもが前向きな体験を重ねていけるように，保育者は子どもの意見を尊重し，それが実現できるように環境を整え，援助していくことが大切である。そのような前向きな体験が，子どもたちの好奇心や探

究心をはぐくんでいくのである。また保育者自身も，子どもが楽しんでいることを一緒に楽しんでいくことが大切である。子どもと同じ目の高さになることで，保育者自身の新たな気付きもあるであろう。子どもから学ぶという姿勢も忘れずに，日々の生活を子どもと共に過ごしていきたい。

### 事例6 「あっ！　トマトみっけ！」
（3歳児　7月）

　5歳児がトマトを栽培し始めた。実がなり，3歳児の子たちは興味津々。すると3歳児のタクとミクがトマトを採り始めた。その姿を見た担任は飛んできて「タッくん，ミクちゃん！　それは年長さんが育てている大事なトマトだから採っちゃダメよ」と言う。タクもミクもポカンとして，保育者の勢いに圧倒されているといった様子である。そして，またしばらくするとタクとミクは楽しそうにトマトを採り始めた。すると今度は，年長児のミホとユリがそれを見つけ「あぁ〜」と，お互い顔を見合わせ「まだ小さいからしょうがないね」と苦笑いしながらその様子を見ている。そして，ミホは「緑じゃなくて，赤くないとトマトはおいしくないよ」とタクとミクに声をかける。それを聞いていた5歳児の担任のカオリ先生が「そうだね。緑のトマトと赤いトマト，どっちがおいしいか食べてみようか」と声をかける。タクとミクは「うん！」と嬉しそうに返事をし，食べ比べてみた。


　飛んでやってきた担任は，タクとミクがトマトに興味をもち好奇心からトマトを採っているということを理解する前に，年長児が大事に育てているものを勝手に採ってしまったことを問題視している。
　一方，年長児のミホとユリは，その言動からタクとミホの気持ちを感じ取っているのではないかと考えることができる。つまり，ミホもユリも同じような経験をしているのである。実がなったものを採る楽しさが分かっているからこそ，「ダメだよ」とは言わず「緑じゃなくて，赤くないとおいしくないよ」と言っているのであろう。ここで「赤いのを採るんだよ」と言っていないことに，自分たちはじっとがまんしているし，採らないでほしいという思いもあることが読み取れる。
　そして5歳児の担任であるカオリ先生が，そのやりとりの様子を見て「食べてみようか」と投げかけている。これは，5歳児のミホとユリが言っていることが実際に分かるように援助している。つまり，ミホとユリの

# 第3章 領域「環境」の指導

対応を認めていると同時に，タクとミクに自分たちで気が付けるようにした援助である。実際に味わい比較するという五感を通した体験である。このような経験から，子どもはトマトは緑から赤くなり，赤くなっているほうがおいしいということに気が付くのである。このようなことが実感できれば，赤くなるまで待てるようになる。また，年長児や年長児の担任のカオリ先生との関わりをもつことにより，年長さんになったら自分たちもトマトを育てることができるんだ，と期待ももてるようにもなるものである。

　植物は芽が出て茎が伸び，葉が大きくなり，花が咲き実がなる等変化があるからこそ，心を揺さぶられるのである。この変化を子ども自身が発見していけるようにすることが保育者の援助である。栽培をする野菜や花等はできるだけ短期間に変化が見られ，収穫が可能になるものを選ぶことも配慮するべきことである。野菜等は食べられるということがもう一つの楽しみである。どのように実がなるのか，葉の形はどうなのか等，比較をしていくこともおもしろいが，育てて収穫して終わらせるのではなく，ぜひ子どもたちと味わうということも取り入れていきたいものである。

　また，学年での取り組みであっても園全体で関わっていくことが大切である。年長児の担任のカオリ先生は，タクとミクの行動は予想していた。年長児が育てているものであっても，3歳児がそれに気が付き興味や関心をもつことは，トマトを採ってしまったことよりも，自分たちが関わっていないものに気が付いているということを尊重するべきことなのである。保育者は子どもの興味や関心の芽を大切にしていこうと，多面的に子どもを理解するように努めている。しかし，実際には目の前の出来事への対応に忙しく，気が付かないでいることも多い。保育者同士連携を図り，園全体で子どものつぶやきやまなざしを見逃さないように努めていくようにしたい。

### 事例7 「船を流すぞ！」
（5歳児　5月）

　5歳児の男の子たちが砂場に大きな山をつくり始めた。砂を掘っては山に積み上げ，山の周りには溝ができ始める。すると，そのうちの一人が「川もつくろう！」と言い始める。ほかの子も「いいね！」と言い，水を汲んでくる，山をつくる，川をつくる。相談したわけではないが，自然と役割を見つけ，自分のやるべきことに責任をもって動き始めた。

最初は掘ったところに直接水を入れていたが，水は流れていかない。そのため，水がうまく流れるように，工夫しながら掘り始める。山をつくっていた子はトンネルをつくり，そこに水が流れるように考えた。ある程度水がたまるまでは「水！　早く！　なくなるぞ！」と言いながら，子どもたちは水道と砂場を走りながら何往復もする。だいぶ水がたまってきたところで，川に船を入れようと思いつく。ただ船を浮かべるのではなく，滝から流れてきた船にしたいらしく，砂場の道具置き場から樋を取り出し，砂場のそばにある遊具を支えに立てかける。自分の顔くらいの高さの所からつなげているので，水を流そうと容器をもち上げるものの，重くてもち上げられない。高さを低くすると，水の勢いがなく船は流れていってくれない。担任は「どうして流れないんだろうね？」と問いかける。子どもたちは，どうしてなのか解決するために，どの高さ（角度）がいいのか繰り返し試す。友達と相談しながら試していくことで，自分たちでちょうどいい高さ（角度）を見いだした。また，水の流し方に関しても，勢いよく流してしまうと最初の時点で樋から漏れてしまうことに気が付いたようである。担任は「おぉ！　こうやると船が流れるんだね！　水を入れるときも気を付けなくちゃいけないんだ。よく気が付いたね。先生にもやらせて」と言い，子どもたちに水の流し方を教えてもらいながら一緒に楽しんだ。

　年長児の子どもたちはこれまでの経験を通して，砂場での遊びがよりダイナミックになっていた。昨年までは，大きな山をつくるときは「先生も手伝って」と言ってくることもあったが，年長児になり，そのような声は聞かれなくなった。そして，山をつくる，川をつくる，水を運ぶ等，それぞれが自然に役に分かれ，それぞれを頼りにしている姿が見られるようになっていた。

　これまでも何度も山や川をつくって遊んでいたので，イメージを共有しやすいこともあったと思うが，山の高さや川の大きさ等，子ども同士で言葉で伝え合い，それぞれのイメージの共有を図ってもいた。船を流すことに関しても，子どもたちにイメージは共有されていたものの，実際に試してみるとうまく船が流れない。どのように傾斜をつければいいのか，何で支えればいいのか，水の勢いはどれくらいがいいのか，それぞれ考え発想を出し合うことがこの活動の展開を支えていた。たとえ失敗しても，互いを責め合うような言葉を発することはなく，それよりも，何がいけなかったのか原因を考え，次はどうしたらいいかをみんなで考

# 第3章 領域「環境」の指導

える姿が見られた。これは，担任の「どうして流れないんだろうね？」というひと言がスパイスになっている。5歳児だからといって，みんながみんな最後まであきらめないで取り組むとは限らない。うまくいかないとほかに興味が向いてしまう子もいる。しかし，ここでは誰一人抜けることはなく，それぞれの知恵を出し合っている。

うまくいったときの子どもたちの笑顔には，充実感と満足感に満ちあふれている。一人ではなく，みんなで一つのことをやり通したからこそ

得ることができたものである。このような経験の中で，子どもたちは，自分にはない友達の考えや気付きを，自分の中に取り入れるようになるのである。友達と一緒に遊ぶことによって，友達の考えに刺激を受け，そして新しい考えを生み出すおもしろさや喜びに触れ，自分自身の思考を広め深めていけるようになっていくのである。

## 2 「環境」と関わり，自ら遊びを生み出したり発展させたりするための指導

　子どもたちが主体的に活動していくということは，その活動に魅力がなければならない。そのため，保育者はまず，身近な環境を魅力的なものにしていくことが大切である。そして，その環境に子どもたちがじっくりと関わっていける時間を保障し，また子ども同士で刺激し合える関係を築いていけるように援助していくことが大切である。

### 事例8 「僕もやりたい！」
　　　　　（3歳児　9月）

　ことり組ではカメを飼っている。子どもたちの意見から「りぼんちゃん」という名前になり，クラスの小さな仲間として存在している。

● 場面① 「やりたい，やりたい」

　担任がりぼんちゃんの水を替えていると，クラスの何人かの子どもたちが，じっとその様子を見ている。水を替え終えて餌をあげようとすると，子どもたちは待っていましたとばかりに「やりたい，やりたい」と言ってくる。担任は容器から餌をとり出し，子どもの手に少しずつのせ

てあげる。

● 場面② 「もう1回!!」

　子どもたちは嬉しそうに餌を水槽に入れる。カメがパクッと餌を食べると，子どもたちは「食べた!」と大興奮。そして「もう1回」と手を出してくる。カメは餌を食べてはいるが，まだ水槽に餌が残っているので，担任は「まだ入っているよ」と声をかけるものの，子どもたちは「ちょうだい，ちょうだい」の連呼。保育者が「あと1回ずつね。りぼんちゃん食べすぎでおなか痛くなっちゃうかもしれないから」と言いながら餌を配る。その様子を見たほかの子がやってきて，今度はその子が「僕も!」と言ってくる。そんなことを繰り返していくうちに，水槽は餌がいっぱい浮いている状態になってしまった。

● 場面③ 「……」

　担任はクラスで集まったときに水槽をもってきて，みんなにこの状態を見せた。この様子を見た子どもたちは，さすがに「あらら……」といった表情であった。そこで担任は，子どもたちに「みんなが餌をあげてくれるのはとっても嬉しいけれど，こんなに残っちゃっている。どうしたらいいかな?」と相談をもちかけた。3歳児ということもあって，この質問に子どもたちは首をかしげている。

● 場面④ 「順番でカメさんに餌をあげようか」

　担任は「みんなカメさんに餌あげたい?」と聞くと，子どもたちは「あげたい!」と言ってくる。担任は「みんなあげたいけれど，毎日みんなであげるとこんなになっちゃうから，今日は〇〇ちゃんって，順番でカメさんに餌をあげる，お当番さんを決めるといいのかなって思うんだけれど」と話をすると，子どもたちは「いいよ!」と納得する。担任は「誰がお当番さんかみんなが分かるように，お当番さんはこんなバッジをつけようか」と言って，カメの絵が描かれたバッジを子どもたちに見せた。

● 場面⑤ 「今日は僕の番」

　子どもたちは，バッジをつけると「今日は僕の番ね」と言い，バッジをつけていない子に「バッジをつけてないから，餌をあげちゃダメなんだよ」と得意気に言っている。

# 第3章 領域「環境」の指導

　クラスのみんなでカメの名前を考えてつけたことは，カメもみんなの仲間であり，より親しみをもっていけるようにと配慮したことである。
　言葉を発するわけでもない小動物に癒されることは，子どもでもよくあることである。初めての集団生活に戸惑い，クラスで飼っているカメのりぼんちゃんに餌をあげ，パクッと食べる姿がおもしろくて，「明日もりぼんちゃんに餌をあげるんだ」と餌をあげることを楽しみにしながら登園してくる子もいた。また，自分の好きなものを食べさせてあげたいという思いから，家からパン等をもってくることもあった。担任は，子どもたちが餌をあげるという行為に満足感を得ていくことが必要だと感じたので，カメの水槽が餌まみれになったときはそっと水を替えていたのである。これは，子どもたちの「餌をあげたい」という気持ちに共感し，見守ってきた保育者の姿である。しかし，この状態が続くことがよいことではないということも保育者は考えていた。そこで，そのことが子どもたちにも伝わるように，水槽が餌まみれになっている状態を見せて，この状態がりぼんちゃんにとっていいかどうかを一緒に考えていくことにしたのである。順番ということで，子どもたちは自分の番が回ってくることをとても楽しみにするようになった。やっと順番が回ってきて餌をあげたときの喜びは，これまでの喜びとは違った質のものである。ここで，担任は子どもたちがより楽しみにしていけるように，バッジを用意している。バッジを用意することによって，本人もそして周りの子も，みんなが今日は誰の番か明確になるし，「明日は僕」等とさらに期待ももてるのである。
　当番活動をすることによって，その飼育物に親しみがもてるようにしていく取り組み方もあると思うが，「最初から大好きなので，自分たちでお世話をしてあげたい」という気持ちをもって取り組み始めるのとでは，同じことをやるにしても気持ちの入れ方が違うであろう。
　どんなことも，言われたからやるのではなく，自分たちがやりたいと思う気持ちをもって取り組んでいけるように，保育者は環境をつくっていくことが重要なのである。そのためにはまず，子どもがその対象となるものに親しんでいけるように，環境をつくっていくことが大切である。子ども自身が主体的に関わりをもつことによって，活動は発展していくのである。

**事例9** 「とってもお似合いです♪」
　　　　（4歳児　9月）

　女の子たちは，家で結ってもらった髪をわざわざほどき，自分で結び
直す姿が見られるようになってきた。自分で結ぶことができるように
なったことが嬉しいようである。「そこで結ぶの!?」　と思わず笑って
しまいそうになることもあるが，本人は満足気である。そんな女の子の
姿を見て，担任は卓上に鏡や櫛やブラシ，リボン等を用意し，またクル
クルの巻毛に憧れている子が多いので，ワインのコルクと洗濯バサミを
用意し，カーラーに見立てセットをしておいた。女の子たちはさっそく
気が付き「何これ！　使っていいの？」と言い，美容院ごっこが始まった。

　リサが美容師役で，リンがお客となった。

　リサ：こちらにお座りください。

　リン　案内された椅子に座る

　リサ：今日はどうしますか？

　リン：クルクルにしてください。

　リサ「はい，ちょっとお時間かかります」と言って，まずは髪の毛を
　　　丁寧にとかし，それからコルクを髪の毛にあててクルクルと巻いていき，
　　　洗濯バサミで挟んで止める。美容師をやっているレイも手伝う。

　リサ：このまましばらくお待ちください。何か読みますか？

　リン：お願いします。

　リサは，部屋においてある絵本を何冊かもってきて渡す。仕上がると
「どうですか」と合わせ鏡をして見せ，「とってもお似合いですよ」と言う。

　その後，子どもたちはみんな美容師役をやりたがり，担任がお客になっ
た。担任の髪の毛は長く，パーマもかかっていたので，カールをすると
本当にできたように感じられ，子どもたちはより一層楽しんでいた。


　ここで遊んでいる子どもたちみんなが美容院に行っているとは限らな
いし，いつもこのような注文をしているわけではないであろう。しかし，
子どもたちは迷うことなくやりとりをしている。つまり，子どもたちは
自分が実際に経験していないことでも，自分の周りで起きていることに
関心を抱くと，じっとそのことに耳を傾け，まるで自分がしているかの
ようにその情報を取り入れていくのである。よく大人は子どもの言動に
対して「どこでそんなことを覚えたのかしら」と思うことがある。子ど
もは，こちらが思っている以上に社会に関心を向け，自分たちの生活に
取り入れているのである。

# 第3章 領域「環境」の指導

**事例10**　「キンコンカンコ～ン……2時間目，国語」
　　　　　（5歳児　9月）

　シンイチが先生役でマホ，シホ，タカヒコは生徒役で学校ごっこが始まった。子どもたちは大型積み木を使って机と椅子をつくり，縦一列に並べた。また，コピー用紙の裏紙を使ってノートもつくってあり，鉛筆や消しゴムもしっかり用意している。
　シンイチが「キンコンカンコ～ン」と口で言うと，生徒役のマホ，シホ，タカヒコは自分の席に着いた。シンイチが「2時間目，国語。あいうえおを書きましょう」と言うと，生徒役の3人は自分のノートを開き，字を書き始めた。そこへ担任が「こんなのもあるよ」とホワイトボードをもってきた。シンイチは「使う使う！」と言って，さっそくホワイトボードに「1さんすう　2こくご　3ずこう　4りか　きゅうしょく」と時間割を書いた。そして，生徒の様子を見て回り，ホワイトボードに「あ」を書き，“あ”はこうですよ」と言って知らせ，全部書いて見せた。それが終わると，「キンコンカンコ～ン，国語の時間は終わりです。次は図工です。折り紙をもってきてください」と言い，みんなで折り紙を取りに行って準備をし，折り紙で好きなものをつくった。

　5歳児にもなると，役割はもちろんであるが，そこで用いる小道具もより本物に近いものを要求するようになる。そのため，この事例からも分かるように，学校ごっこを始める前にまず机と椅子やノートを自分たちでつくって用意している。机を縦に並べるところが，学校の教室をよくイメージし，より学校らしくしていることが分かる。
　このように子どもたちは，自分たちのイメージしているものに近づけたものを用意していくようになる。より本物らしくという子どもたちの思いを読み取り，担任はホワイトボードを用意したのである。この場面では担任の援助が子どもの思いと一致した。そのため，このホワイトボードがあることによって，遊びが一層深まっていることが分かる。しかし，よかれと思い用意しても，子どもたちはまったく見向きもしないということも少なくない。何を選び，どのように使うかは，子どもたちが決めればいいのである。保育者は，子どもたちが環境と関わり，遊びを生み出していく力をより高めていけるようにすることを考え，素材等の用意をしていくことが必要である。子どもたちはその場では使わなくても，ほかの遊びの場面でその存在を思い出し，要求してくるということも少なくないのである。

子どもは大人の行動に憧れて，お母さんやお寿司屋さんになったつもりで遊ぶことを好む。また身近な社会環境や情報等も遊びに取り込み，模倣したりする。これらは「ごっこ遊び」といわれ，幼児期に特徴的な遊びである。事例9や事例10はいわゆるごっこ遊びといえる。

　ごっこ遊びを通して見ると，3歳児は，お母さん役が何人いても構わないというような，それぞれがやりたい役をやって楽しむ姿が多く見られる。4歳児になると，お母さんは一人といった具合に，役を割りふるようになってくる。そして，自分のもっているイメージを表現しながら遊んでいく。5歳児になると役割の分担はもちろん，使うものもより本物らしくしたいという思いが出てくる。そのため，ごっこ遊びを始める前に道具づくりから入ることも少なくない。子どもたちは，ごっこ遊びを通して，社会の仕組みや仕事を感じ取り，場面によって言葉遣いを使い分けることに気が付いていくのである。また，自分のイメージを表現したり，友達と知っている情報を出し合い，遊びを発展させていくのである。このような幅広い視点から保育者の指導を見ていくと，「環境」だけではなく，総合的な指導になるといえる。

# 3 子どもの発達に意味のある環境に 子どもが出合えるようにする

　子どもたちは，物を使いながらその物の性質を理解していく。たとえば，砂や紙の質の違い等，目的に合わせてどこの砂がいいか，何の紙がいいか選んでいるのである。このようなことを子どもたちは遊びの中で発見していく。そして，試行錯誤しながらできた喜びを味わう体験をしているのである。このような発見や達成感をより味わっていけるように保育者は働き掛けていかなくてはならない。

　子どもたちが自ら環境に関わっていけるようにしていくことも大事なことであるが，保育者が環境を構成し，意図的に子どもたちに経験する場をつくるということも大事なことである。

## （1）園外の活動

　遠足や園外保育等は，子どもたちにとって心躍らせる活動である。年齢が低いと，親子遠足という形をとることがほとんどであるが，5歳児になると，多くの園では友達と先生とだけで行くという形になる。そのため，遠足に行く前と帰ってきたときの子どもたちの表情は明らかに違

## 第3章 領域「環境」の指導

うということが分かる。行く前は，ワクワクでもちょっとドキドキといった感じであるが，帰ってきたときは，自分たちだけで行ってきたという自信がついているのである。

　遠足では，保育者はふだんの生活とは違った面にも気を配らなくてはならない。とてもたいへんであるが，せっかく外に出たのであるから，そこでしか体験できないことを味わっていけるようにしたいものである。ただし，次に示す事例のような姿が見られることも少なくない。

　動物園に遠足に来ていたある幼稚園の姿である。

### 事例11　「まだ見てないよ……」
（5歳児　5月）

　担任は，隣の子としっかりと手をつないでまっすぐ並んで歩くように，子どもたちに繰り返し言っている。子どもたちは担任の言うとおり，隣の子と手をつなぎ，列を乱さないように並んで歩いている。動物の前に行くと立ち止まるものの，列が長いので後ろのほうの子どもたちは動物を遠目に見ている状態である。少しすると，担任は次の動物を見に行くことを伝えて歩き始め，子どもたちは先生のあとをついて行く。そのため，後ろのほうの子は横目で動物を見ながら進んでいくのである。横目で見て歩くのが遅くなると，隣の子は遅れてはいけないと，その子の手を引っぱり走り出す。少しでも列が乱れると，担任は前へならえをさせて整列し直させる。

　せっかく動物園に来ているというのに，動物を見に来たというよりも，並んで歩く練習をしに来たといった感じである。筆者はこの子どもたちの表情から「まだ見てないよ……」という言葉を聞いたように感じた。迷子にならないようにということで並んで歩くようにしているのかもしれないが，子どもたちは，そこに楽しい経験があるからこそ学んでいくのである。事例の状態では，迷子にならないようにさせているだけであって，迷子にならないためにはどうしたらいいのか考えて行動するという，子ども側の直接的な体験を通しての学びにはつながらないのである。

　動物園に遠足に行くということは，みんなで道路を歩いたり，横断歩道を渡ったり，公共の電車やバスに乗ったりするという，交通ルールや公共の場での態度を身に付ける場であると同時に，動物を見ながら気が付いたことを話すことで，自分では気が付かなかったことにも目を向けてみることができるようになったり，動物の動きや生態等を知ることに

よって，これまで以上に興味や関心をもつようにもなっていくのである。実際に自分の目で見て感じたことは，何よりも学びなのである。

保育者は，何のためにそこに遠足に来ているのかということをきちんと踏まえていかなければならない。

### （2）図形や文字，物の性質等に触れる環境

子どもたちは遊びの様々な場面で数字や文字に触れている。たとえば，物の貸し借りの際に，「あと3回やったら交代ね」とか，長縄とびの郵便屋さんでは「1枚，2枚……」と数えながら跳んでいく。ゲームの中で2人組になってみるものもある。お店屋さんごっこを始めればお金が欲しくなり，お金をつくったり，お店の看板やメニュー等を書くようになったりもする。4歳児くらいになると，特に女の子は友達に手紙を書くことを好んでするようになる。字を書ける子もいれば，書けない子もいる。保育者は子どもの「書いて」という要求に応え，代筆する。その際，書く文字を言葉に出しながら書き，子どもが文字と読みとの一致ができるようにという配慮をしているのである。

以下の事例は，3歳児の男の子であるが，子どもは気持ちを伝えたいという思いをもっているということが分かる。

#### 事例12 「ハートは大好きってこと」
（3歳児　1月）

文字に興味をもち始めたマサトは，何やら一生懸命書いている。そして担任に「"あ"って書いて」と言ってくる。担任はどこに書いたらいいのか確認し，マサトがもってきたペンを使って指示された場所に"あ"と言いながら書いた。

それから再びマサトは何か一生懸命書いている。できあがると担任に「見て！"おかあさんだいすき"ってお手紙書いたの」と言って，その手紙を嬉しそうに見せた。その手紙には「だいすき」とは書かれていなかったが，ハートがたくさん書かれていた。マサトは「"だいすき"って書けないから，ハートをいっぱい書いたんだよ」と教えてくれた。

## 第3章 領域「環境」の指導

　保育室の環境でも子どもたちが文字に触れる機会がもてるように，保育者は意図的に環境を構成している。

　たとえば，幼稚園ではロッカー，靴箱，フックや道具箱等，子どもたち一人ひとりがきちんと所持品を整理していけるように場所を決めている。3歳児であれば，一人ひとりにマークをつけて，そのマークが自分の場所と分かるようにしている。4歳になるとマークだけでなく，本人の名前も書いておく。5歳では名前のみになる。また4歳，5歳になると，部屋で歌っている歌の歌詞を書いたものを掲示しておく等，文字を教えるわけではないが，文字に触れながら生活していけるようにしている。

　ある幼稚園では，どの学年でも年賀状を書いてポストに入れるという活動を取り入れている。家庭で誰に送るかを考えて，その送り先と送り主となる子どもの名前，住所を記入してもってきてもらう。裏面は，その年にあったことを書いたり，版画にしたり等，学年ごとに工夫している。そして3学期が始まると，はがきと切手とポストを各部屋に用意し，郵便屋さんごっこの遊びを設定する。もちろん園内限定であるが，子どもたちはそこで文字だけではなく，郵便の仕組みというものを知るのである。送りたい人の名前を書いてポストに入れると，郵便屋さんがその人に届けてくれる。自分の名前を書き忘れると，返事が返ってこない。誰からの手紙なのか分からなくて困る。相手の名前を書き忘れると，自分の所に戻ってきてしまう。このようなことを体験するのである。

　物の性質等に関しても，子どもたちは遊びの中で感じとっていくことが多いが，夏のプール遊び等は，プールの水の量やプール遊びの内容等を学年によって変え，子どもの発達状況に応じた遊びとして取り入れていける活動である。

**事例13**　「パシャパシャ，気持ちいい」
　　　　　（3歳児　7月）

　プールに入ると，手で水をたたいて，水の音や水が跳ね上がって自分の顔に水がかかることを，キャッキャ，キャッキャと楽しんでいる。また，ジョウロや穴をあけたペットボトルでシャワー遊びを楽しんだり，水鉄砲をして遊んだりしている。

### 事例14 「もう顔つけられるよ！」
（4歳児　7月）

モモカはプールに入ると「見てて，もう顔つけられるよ」と言って，目をつむってプールの中に顔を入れ，ぱっと顔を上げて「ねっ」と得意気な表情である。すると，そばにいたトオルも「そんなの簡単だよ」と言って同じようにやって見せる。それを見ていたルイも，「俺だってできるよ」と言ってやって見せる。そんな姿を見て保育者は「すごいね！顔つけられるんだ」と言い，「じゃあ，これくぐってみる？」とフラフープを用意し，プールの中に入れて輪くぐりができるようにした。

### 事例15 「何で動くの？」
（5歳児　7月）

スイミング教室に通っている子も多く，プールに入ると子どもたちは泳ぎ出すようになる。しかし，園のプールの大きさは，子どもたちがみんなで泳げるほどの大きさはない。

担任はビー玉拾い競争を提案した。ビー玉は沈むため，潜って取る子もいれば，顔はつかないようにしゃがんで取る子もいる。なかには足で取る子もいる。次にボール拾いを行った。マサミが取ろうとしたら，そこにユウイチが思いきり飛び込んできて，その勢いでボールは移動してしまった。マサミは「もう！　やめてよ！」と言い，別のボールを探し始めた。ユウイチは「何だよ，動くなよ」とボールに言いながら取ろうとしている。担任は笑いながら「何で動いちゃうんだろうね」と問いかけた。すると，マサミが「飛びつくからだよ」と言うと，担任は「ビー玉にも飛びつくようにしていたけれどね」と答えた。

この後，子どもたちはビー玉は沈み，ボールは浮いているということに気が付いた。ビー玉とボールは大きさは違うけれど，形は丸で同じ。そこで子どもたちは，大きいほうが重いということではないということにも気

77

## 第3章 領域「環境」の指導

が付いた。それから,自分たちで「これは沈む? 浮く?」といろいろなものをもってきて実験した。

　子どもたちはプール遊びが大好きである。プール遊びでは,水に親しむことをねらいとしているが,親しみ方は子どもの発達の実態によって違いがある。パシャパシャしながら楽しむのは3歳の初めくらいまでであり,だんだん顔をつけたり泳いだりチャレンジしていく。プール遊びというと,子どもたちがプールに入って,保育者は危険がないように見ているというイメージが強いかもしれない。しかし,事例から分かるように,保育者は子どもたちがより楽しんでいけるように素材を用意しているのである。

　事例15では,プール遊びを通して,保育者は子どもたちに物の性質に気が付いていけるように働きかけている。そして,子どもたちが「なんで?」「どうして?」と思うような問いかけをしている。ここで問いかけることによって,子どもたちはあれは沈むのか,それとも浮くのかと興味をもって実験を始めるのである。興味をもって取り組むことによって,子どもたちは自分なりの答えを見いだし,そのおもしろさを感じ取っていくのである。

### (3) 文化に触れる活動

　日本の伝統文化は,次世代につなげていくべきことであるが,現代社会の中では日本の伝統文化に触れる機会が減少している。そのため,このような機会を少しでもつくっていけるよう,園で工夫をしていくことが大切である。

#### 事例16 和室でお弁当
　　　　　(4歳児　11月)

　S幼稚園には和室があり,子どもたちは順番に,その和室で園長先生とお弁当を食べるということを行っている。和室には,塗りの座卓が置かれ,子どもたちは座布団の上に正座してお弁当を食べるのである。和室に入ると,「きれい」「いいにおい」と感じたことを口にしているが,正座をしたとたん,子どもの姿は背筋が伸び,緊張した面持ちになるのである。だんだん慣れてくると表情は和らぐものの,ふだんとは違う凛とした様子なのである。

和室で正座をして食事をする機会は大人であってもなかなかない。和室に入って気持ちが落ち着くと同時に，正座をすると気持ちが引きしまる。子どもにもどこか緊張感が走るというのが，事例の子どもたちの様子からうかがうことができる。伝統文化は，より美しく，そして豊かな精神をもたらしてくれるものである。子どもは，環境からの発信を敏感に感じ取る力がある。質の高い本物に触れる機会を幼児期の間にもたせたいものである。

　日本の文化に触れることも大事であるが，異文化に触れることも保育の中で取り入れていくことが大切である。きっかけとしては，外国人やハーフの子がクラスにいる，夏休みにクラスの誰かが外国に旅行に行った，運動会のときに万国旗づくりをする等といったことが挙げられる。

### 事例17 「これ，ピザのお店と一緒」
#### （5歳児　9月）

　Y幼稚園では，運動会でテントや園庭を飾るために万国旗づくりを行う。国旗図鑑を用意し，それを見ながら書くのである。子どもたちはどの国旗にしようか自分で選ぶ。国旗を見て「あっ，これ知ってる。ピザのお店にあるのと一緒」「韓国ってキムチがおいしいんだよね」「日本は簡単でいいなぁ〜」等，国旗と国の名前を見て自分のもっている情報を一致させたり，気が付いたことを言い合って，その国の情報をさらに積み上げていくのである。「オーストラリアとフィジーって，同じマークが入っている！」「そのマーク，イギリスだよ」と子どもが気が付いたときに，保育者は「どうして同じマークが入っているんだろうね？　ほかにもあるのかな？」と声をかけた。すると，子どもたちは国旗図鑑をめくり探し始め，ニュージーランドやツバルにもあるということに気が付いた。そこから「なんで？」「どうして？」と子どもたちはさらに興味をもち，その理由を調べ始めた。

　国旗や国の名前を知ることは，知らない国に興味や関心をもつ第一歩なのである。その国がどの辺に位置しているのか，世界地図や地球儀等を用意しておくのも，子どもの興味や関心をさらに高めるであろう。保育者は子どもの気付きに関心を寄せ，共に感じ，知り，探ることを一緒に楽しんでいくことが大切である。

# 第3章 領域「環境」の指導

① 五感を研ぎ澄まされる体験をしていくためには，保育者はどのような環境を構成していくといいのか考えよう。
② 子どもが小動物や草花と触れ合っているとき，どのような表情をしているのか，また，発している言葉や動き等を観察しよう。
③ 日常の生活の中で，子どもが満足感や達成感を味わっていると思う場面を観察しよう。そして，そこでの保育者の働き掛けについても考察しよう。

◎ 秋田喜代美『保育のおもむき』ひかりのくに，2010年
◎ 河邉貴子『遊びを中心とした保育——保育記録から読み解く「援助」と「展開」』萌文書林，2005年
◎ 高杉自子著，子どもと保育総合研究所編『子どもとともにある保育の原点』ミネルヴァ書房，2006年
◎ 森上史郎・今井和子編著『集団ってなんだろう——人とのかかわりを育くむ保育実践』ミネルヴァ書房，1992年
◎ 文部科学省「幼稚園教育要領解説」2018年

# 第4章 領域「環境」の内容

本章では，環境における自然，社会，遊びの重要性と具体的な指導法について説明する。自然，社会，遊びは子どもたちを取り巻く重要な保育環境であり，子どもたちはこれらの環境と関わることで刺激を受けて成長する。自然，社会，遊びと関わることで子どもたちがどのような姿を見せて成長していくか，具体的な事例を通して解説する。
また，保育者が自然，社会，遊びの環境を設定さえすればよいのではなく，子どもの実態に応じて，そのときに必要な環境を見極めて援助することが大切である。保育者も子どもたちを取り巻く大切な環境であることから，子どもたちの育ちを保障する意図的な働き掛けをしなければならない。

## 第1節 自然環境

　昨今，地域社会では幼児を取り巻く自然環境が減少しているが，幼稚園，保育所では園の環境として自然を大切にし，意図的に様々な自然環境を設定している。四季を感じることができる木や草花，昆虫，動物，水等を挙げることができる。また，大人が見落としがちになる落ち葉や野草等も子どもたちにとって遊びの道具になる。
　本節では子どもたちの身近にある自然環境に着目し，実際に幼稚園や保育所で生活している子どもたちがどのように自然と関わり，興味や関心をもち，自然と関わったことでどのような育ちや学びがあったかを，実践を通して解説する。

### 1 生き物との関わり

　生き物と聞くと，ウサギやニワトリ，アヒル等の動物をイメージすると思う。実際，幼稚園や保育所では様々な動物を飼育し，子どもたちが餌をやったり，一緒に遊んだりして，動物はとても身近な存在になっている。
　それでは，なぜ子どもたちが園生活を送る幼稚園や保育所では動物を

# 第4章 領域「環境」の内容

飼育するのだろうか。

**事例1** ウサギの存在が安心に

　入園間もない3歳児にとって，母親と離れることは大きな冒険である。登園時，母親との別れ際に寂しくなり，泣いてしまうことも多い。母親と離れることに不安を感じていたA児は，毎日のように泣いていた。まだ入園間もないこともあり，担任との信頼関係を築いておらず，担任からの言葉かけに耳を傾けず，泣く日が続いた。

　そんなある日，担任は泣いているA児を抱っこして園内にあるウサギ小屋の前を歩いた。そのとき，A児の泣き声が小さくなり，視線をウサギのほうに向けた。担任は，A児がウサギの存在を通して安心して過ごしてほしいと願い，足を止め，一緒にウサギを観察することにした。A児はウサギの動きを追いかけたり，大きい組のお姉さんが餌をやっている姿を見たりしていたため，担任は「Aも餌をあげてみる？」と声をかけた。するとA児は餌をやり，自分があげた餌をウサギが食べることを喜び，しだいに母親がいない不安な気持ちを忘れていった。

　その後A児はウサギへの餌やりを楽しみに登園するようになり，安心して園生活を送るようになった。また，A児の姿を見て「私もやりたい」と友達が言うようになり，A児は得意気に餌やりの方法を教えていた。教えることを通して，友達とも関わるようになり，A児の関心がウサギから友達に移っていった。

　この事例では，A児は登園時に母親と離れることが不安で，毎日泣いていた。担任は室内にある遊具に興味を示すのではないかと思い，泣いているA児のもとに大好きなぬいぐるみや絵本をもっていったが，好きなものでも不安を安心に変えることはできなかった。

　それでは，なぜA児はウサギとの関わりを通して安心することができたのだろうか。

　遊具と関わる場合は，自分が遊具に働きかけることで遊びが発生するが，生き物と関わる場合は，生き物からの働きかけもあり，愛着が湧きやすい。また，ウサギが自分よりも小さい小動物であったため，「お世話をしたい」という思いが芽生え，自ら関わるようになった。

　また，ここで大切なことは，A児が一人でウサギと関わり続ける環境ではなく，保育者が，A児と餌やりに興味を示した友達との架け橋になることである。たとえば，意図的に「Aはウサギと仲よしなんだよ」「餌

やり名人だから，餌のやり方を教えてもらおうか」等と関係を深めていくきっかけをつくることも求められる。子どもの次なる育ちをはぐくむための援助も忘れてはならない。

さて，子どもたちの身近にいる生き物は，飼育している動物だけに限らない。カブトムシやクワガタムシ等の昆虫やアリ，ダンゴムシ，ワラジムシ，カタツムリ，いろいろな幼虫等も，子どもたちにとって大切な自然環境である。

### 事例2 ダンゴムシ博士

毎年，ゴールデンウイークを過ぎると，子どもたちは登園途中にダンゴムシを捕まえてくる。「先生，見て見て，ダンゴムシ捕まえたよ」等と嬉しそうにもってくる。しだいにダンゴムシを見つけて捕まえてくる子が1人から2人，2人から3人とどんどん増え，捕まえてくるダンゴムシの数も1匹から2匹，2匹から3匹とどんどん増え，手からあふれるくらい捕まえてくる子もいる。

あまりにも多くの子が捕まえてくるため，大きなたらいを用意したところ，子どもたちは図鑑を見ながら土や落ち葉，石等を入れて"ダンゴムシハウス"をつくった。

日に日にダンゴムシが増え，子どもたちはダンゴムシを観察することを楽しむようになった。「先生，ダンゴムシが葉っぱを食べているよ」「捕まえようとしたら丸くなった」「葉っぱをどかしたら，ダンゴムシがたくさんいたよ」「ダンゴムシが死んでいる，何でだろう」等と様々なことを発見したり，疑問を抱いたりしていた。

子どもたちの疑問については，保育のどの場面にも共通しているが，保育者がすぐに答えを言うのではなく，子どもたちが自らの体験を通して学ぶことが大切である。

今回，ダンゴムシの観察を通して湧き起こった子どもたちの疑問は，子どもたちと一緒に図鑑で調べ，それでも分からない場合は小学校の理科の先生に聞きに行った。

手の中いっぱいのダンゴムシ

疑問に思ったことは，幼児なりに「どうしてだろう」と考える時間を保障することが大切である。また，保育者が子どもたちだけでは気が付

83

# 第4章 領域「環境」の内容

かない視点を提供することは，子どもたちの知的好奇心を高めることにつながる。たとえば，ダンゴムシの雄雌の見分け方や歩き方のパターンに着目させると，子どもたちは遊びながら喜んで違いや法則を見つけようとする。年齢や発達に応じた投げかけをすることは，子どもたちの発達を促す上で大切な援助である。

## 2 身近にある草花や実

次は子どもたちを取り巻く草や花等の自然環境についても考えてみる。子どもたちは「先生，見つけたよ」と言ってカラスノエンドウやシロツメクサ，タンポポ，モミジ，イチョウ，ドングリ，松ぼっくり，猫じゃらし等，数えきれない自然物に興味を示し，拾ってくる。季節ごとの自然物を通して，新たなことを発見し，拾ったもので遊んだり，制作をしたりする姿が見られる。ここでは，身近にある草花や実等に目を向ける子どもたちの様子を紹介する。

### 事例3 春の野草を探そう

入園，進級間もない4月は，身の周りに様々な野草が生えている。子どもたちはタンポポやカラスノエンドウ，シロツメクサ等，代表的な野草を見つけてくる。ただ，もっと視野を広げると様々な野草を見つけることができる。

そこで，子どもたちに様々な野草に目を向けてほしいと願い，春の野草カードを作成し，春のファミリーデーで保護者と一緒に散策に出かけた。

野草カードには16種類もの春の野草が写真と共に紹介されており，写真を見ながら野草を探すというゲーム感覚の活動を行った。

春の野草探しカード

野草はじっくりと見ようとしなければ見つけることがむずかしいため，子どもたちは写真と実物を見比べながら探していた。野草の特徴が分かると，子どもたちは野草を簡単に見つけることができ，ファミリーデー以降の保育中にも「先生，ハハコグサがあったよ」等と言い，春の野草に目を向けていた。

この事例では，保育者が子どもたちの視野を広げるきっかけをつくった。子どもたちは春の野草カードに興味を示し，写真を頼りにしながら知らない野草にも目を向けることができた。探していると，形が似ている野草もある。子どもたちは写真を見ながら「どっちかな」「花びらの数を数えてみよう」等と，真剣に比べたり，観察したりしていた。じっくり見ることも，遊びながらであれば子どもたちにとって楽しい活動になる。

幼児期は，子どもたちの発想や意志に任せた遊びや活動が中心となるが，子どもたちの発想に任せてばかりでは，その時期に経験させたい，知ってもらいたいことに偏りが出てしまう。子どもたちの実態を把握し，子どもたちの遊びや活動がより豊かになるように，必要に応じて保育者から新たな視点や活動内容を投げかけることも大切な援助である。

また，この事例では保護者と一緒に活動したが，これは意図的な保育環境である。子どもたちだけで活動すれば，幼稚園の中で完結する活動になっていたが，保護者も同じ経験をしたことで，家庭でも同じ視点をもって散歩をしたり，日常生活を送ったりすることができる。必要に応じて保護者を巻き込んで保育をすることも大切である。


## 3 野菜の栽培

次は野菜等の植物の栽培を通して，子どもたちがどのように自然環境と関わり，その結果どのような変容を見せたかについて触れていく。

子どもたちの周りには様々な植物があるが，子どもたちにとって身近なものといえば，食べることができる野菜である。

以前，子どもたちに「トマト等の野菜はどうやってできるか知っている？」と尋ねたところ，「分からない」「スーパーで売っているよ」等と答えた。子どもたちはお店で売られている野菜を見たことがあっても，実際に育てた経験をしたことがある子は少ない。そこで，多くの幼稚園や保育所ではトマト等の夏野菜の苗を4月から5月にかけて植え，夏までの期間に収穫することを実践している。

ただ，遊びが中心の園生活においては，苗を植えた後も，子どもたちが自発的に水やりをするための環境設定や保育者の援助が必要になる。

子どもたちが自発的に夏野菜の栽培をするためには，子どもたちも土づくりや苗植えを体験するのはもちろんのこと，「クラスの野菜」ではなく，「自分の野菜」「自分たちの野菜」という意識をもつことが大切で

85

# 第4章 領域「環境」の内容

あると考える。

　様々な実践方法があるが，自分の苗を決めて苗植えをすることでそこに責任が発生し，より自発的に水やりをする様子が見られる。年中組では2人で一つの苗，年長では5人グループで一つの苗を育てる実践をしている。学年やそのときの幼児の実態に応じた環境を整えることで，子どもたちと夏野菜との関わり方が違ってくる。

　次の事例では，子どもたちが自発的に野菜の栽培に関わった様子を紹介する。

### 事例4　夏野菜の栽培

　以前は，クラスみんなでクラスの野菜を育てていたが，当時子どもたちはクラスの野菜ということで「誰かが水をあげてくれるだろう」「面倒くさいから今日はいいや」等という思いをもち，あまり水やりをしていなかった。保育者は「もっと一人ひとりが自発的な姿勢で野菜の栽培に参加してほしい」と願い，子どもたちの参加の仕方を変えることにした。

　翌年，年中組では2人で一つの苗を育てることにした。2人で相談して，キュウリ，トマト，ナス，枝豆の中から一つの苗を選ぶところから始め，プランターに土を入れて苗を植え，何を植えたかを記した看板も自分たちでつくった。「○○くん（さん）と僕（私）で育てる野菜」という意識から，ほとんどの子が毎日のように水やりをしていた。

子どもたちが収穫した夏野菜

　なかでもB児は登園時，お弁当後の時間等に誰よりも早く水やりをし，「あっ，緑のトマトが大きくなってきた」「先生，トマトが赤くなってきたよ」「これはそろそろ食べられる？」「○○くん，このトマト食べられそうだから取ろうか？」等と3か月間，トマトの生育に関心を示し，積極的に関わっていた。収穫の時期になると「たくさん水をあげたから大きくなったんだよ」「早く収穫をしようよ。楽しみだな！」と言うほどであった。

　幼児期は子どもたちが身近な環境と関わり，体験を通して様々なことに気付き，学ぶことを基本としている。この夏野菜の栽培では，連休で数日水やりをすることができなかったときに葉がしおれてしまい，あわ

てて水やりをするとしおれていた葉っぱが元気になることを体験した子がいた。また，ミニトマトの栽培では，ミニトマトが連なって実っているのを見て，奥から手前になるに従って実が小さくなっていることに気が付く子もいた。幼児期はまだ自然科学について詳しく掘り下げることはむずかしいが，「不思議だな」「何でだろう？」と思う心が育つことは大切なことである。

　また，栽培，収穫で終わらせず，食べるところまでを一連の流れと考えている。子どもたちは夏野菜が実ると，それを収穫して食べようとする。トマトやキュウリ等はその場で水洗いをしてから食べるが，ナスやピーマン等は調理することでよりおいしく食べることができる。調理に関しても子どもたちが体験し，自然の恵みに感謝したり，クラスの友達と食べる喜びを共有したりする上で大切な保育内容になる。

### 事例5　夏野菜の調理

　年少組でトマト，ナス，ピーマンを収穫したところ，子どもたちからこれらの野菜を調理して食べたいという意見が出てきた。ただ，それぞれの野菜を別々に調理したら時間もかかってしまうので，保育者は「3種類の野菜を同時に調理できるものをつくろう」と提案し，「どんな料理がつくれるか，料理名人のお母さんに聞いてきて」と投げかけた。

　翌日，子どもたちはお母さんに聞いてきた料理を発表した。ほとんどの子が「カレー」と言っていたため，子どもたちと相談した結果，カレーをつくることにした。

　また，保育者から「野菜はあるけど，白いごはんがないからどうしよう？」と投げかけたところ，それぞれが家からもってくることになり，保護者にも協力を求めた。

　カレーをつくる日になると，子どもたちは朝から嬉しそうにしていた。保育者と一緒に包丁をもち，一人ひとりが野菜を切り，鍋で野菜を炒め，ルウを入れて煮込むところまで経験した。

　子どもたちの中には「ナスは嫌い」「ピーマンは食べたことがない」等と言って，野菜を食べることに苦手意識をもっている子もいたが，栽培，収穫，調理までを経験したことでおいしく食べることができた。

子どもたちの手で夏野菜のカレーをつくる

# 第4章 領域「環境」の内容

　この事例では，子どもたちが栽培，収穫，調理までの一連の流れを体験し，食べるためには長い期間をかけて野菜を育てなければいけないことを知ることができた。スーパーマーケット等に行けば，苦労せずに野菜を手に入れることができるが，自分たちで育てるという過程を経験したことで，より食べ物を大切にする気持ちが高まる。また，日頃のお弁当においても，残さずに食べようとする子が増え，自然との関わりを通して，子どもたちの心が育っていることを読み取ることができる。
　子どもたちが自然と積極的に関わり，そこに保育者の意図的な働きかけが加わることで，子どもたちはさらに豊かな経験をし，成長することができるのである。

## 4 自然物を使った遊び

　子どもたちの身近にある自然は様々な楽しみ方がある。幼児期の子どもたちは積極的に自然環境と関わり，遊びの中に取り入れようとする。外でごっこ遊びをしているときは，草や花を料理に見立てたり，着飾るアイテムにしたりしている。身近にある自然物は子どもたちにとって絶好の遊び道具となる。
　子どもたちの自由な発想で自然物を使うこともあれば，保育者から新たな遊びを提案することもある。本項では，自然物を使った遊びを紹介する。

### 事例6 夏野菜でスタンプ遊び

　ピーマンを栽培した際，予想以上の収穫量であったため，保育者はピーマンの断面に絵の具をつけて，夏野菜スタンプができることを話した。また，ピーマン以外の野菜もスタンプになることを伝え，他学年からゴーヤを分けてもらい，そのほかにチンゲンサイ，オクラ，レンコン，ブロッコリー等を買ってスタンプ遊びを楽しんだ。
　子どもたちは，野菜でスタンプができるわけないと思っていたようであるが，保育者が子どもたちの前で野菜を切り，絵の具をつけて紙にスタンプした様子を見て「本当だ！　野菜がスタンプになった！」と興奮気味であった。
　また，野菜を使ってスタンプ遊びをしようと

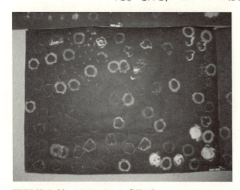
夏野菜を使ったスタンプ遊び

いう投げかけではおもしろ味に欠けるので、野菜スタンプをして花火を打ち上げようと導入した。子どもたちは花火をイメージし、「ヒュー、バーン！」と口で効果音を出しながら楽しんだ。

　本来、野菜は食べるためのものであるが、収穫時期が遅くなって食べることができない野菜は活用しだいで別の楽しみ方がある。子どもたちの生活の中で野菜の断面に着目することはほとんどないと思うが、スタンプの活動を通して形のおもしろさに気が付く子もいた。

### 事例7 落ち葉の上をそりすべり

　秋は落ち葉が多い時期であるが、子どもたちにとって落ち葉は遊び道具になる。毎年、幼稚園の裏にある山の斜面に落ち葉が降り積もり、子どもたちはこの時期の訪れを楽しみにしている。

　年長児を中心に熊手やほうきを使い、落ち葉を斜面に敷き詰めている。落ち葉が敷き詰まると、そりすべり用のそりに乗り、斜面のてっぺんからいっきにすべり降りる。大勢の子が何度も斜面をすべり降りると落ち葉が左右に散り、斜面の土が出てくる。そのことに気が付かずにすべり続けていると、「あれ、何かすべらなくなってきたな」と気が付く子が出てくる。しばらくすると「落ち葉がないからだ」「みんなストップ」「落ち葉を集めよう」と声がかかる。実際にすべりながら落ち葉の上はよくすべり、土の上ではすべらないことに気が付いた。

落ち葉の上でそりすべりを楽しむ子どもたち

　これは自然環境を生かし、自然物を使った遊びの事例である。楽しく遊びながら、そりは落ち葉の上ではよくすべり、土の上ではすべらないことに気付くことができた。そして、遊びが再び楽しくなるように、気付いたことを周りの友達と共有し、子ども自身の手で遊びの環境を再構成した。保育者から「土が見えてきたから葉っぱを集めよう」と言われて気付くのではなく、子ども自身が気付いたことは、まちがいなく子どもたちに知識として残っている。

# 第4章 領域「環境」の内容

### 事例8 自然物を使って草木染めに挑戦

　年長組では父の日のプレゼント制作として，ハンカチを染め粉で染めた。子どもたちは染め粉を使えばハンカチを染められることを知っている。その経験を生かし，秋の運動会で使う旗も染めてつくることを伝えた。子どもたちは「知ってる。染める粉を使うんでしょ」と以前の経験から予測を立てていた。保育者が「染め粉は使わないよ」と伝えると，子どもたちは一様に驚いていた。「じゃあ，どうやって染めるの？」と子どもたちは興味を示し，保育者がビワ，藤の葉っぱ，タマネギの皮を見せると，「葉っぱじゃ染まらないよ」と言って保育者の投げかけを疑っていた。

　そこで，保育者がそれぞれの葉っぱを鍋に入れ，お湯で煮た。しばらくすると鍋のお湯に色がつき，子どもたちは「わー，お湯の色が変わった」と驚いていた。

　お湯に色がついたことがきっかけとなり，子どもたちは色のついたお湯の中に布を入れると色がつくのではないかと考え始めた。子どもたちは布を入れてみたくなり，保育者と一緒に布を入れることにした。草木染めをするときは，色がしっかりとつくように，布は事前に豆乳に漬けておき，豆乳のタンパク質が布に付着するようにする。

　染め物は布を着色させることはもちろんのこと，割り箸や輪ゴム，ドングリ等を使って様々な模様をつけることができる。お湯の中に布を入れる前に，輪ゴムで布をきつく縛ると，縛ったところが輪ゴムで覆われ，着色液が染み込まない。

　さっそく，様々な模様がつくように輪ゴムを結わき，液の中に入れた。しばらくすると布に色がついたため，布を出した。その際，着色した色が落ちないように，小さじ1杯程度の焼きミョウバンが入っているお湯にしばらく漬け，約15分浸したら水洗いをする。

　すべての工程が終了し，最後は輪ゴムをほどくだけとなった。子どもたちは慎重に輪ゴムをほどき，模様が浮かび上がった。子どもたちから歓声が湧き起こり，「先生，葉っぱで染められるなんてすごいね」と今まで知らなかった葉っぱの性質に触れることができた。

ビワ，藤の葉，タマネギの皮で草木染め

この草木染めは子どもたちにとって魅力的な活動である。また，年齢の大きい子どもたちのほうが草木染めのおもしろさを味わうことができる。今回は園の周りにある身近な葉っぱを使ったが，そのほかの自然物でも草木染めを楽しむことができる。子どもたちの生活からかけ離れた素材を使うのではなく，それぞれの幼稚園，保育所の近くにあるものを，子どもたちが自ら拾うことで，活動の意味が深まる。

　また，事前に人工の染め粉を使って染め物をした経験が大切であり，その経験があったことで，身近な落ち葉でも布を染めることができることに興味を示すことができた。

　保育活動を計画する際，単発的な活動だけでなく，年齢に応じて長期的な活動を設定することが，子どもたちにとって豊かな経験となることもある。

　本節では実践例を通して，身近にある自然環境が子どもたちの育ちにとっていかに大切であるかについて述べてきた。ここで紹介した実践例はあくまでも一幼稚園を取り巻く自然環境を生かした実践であり，日本全国にある幼稚園，保育所にはそれぞれの園を取り巻く自然環境がある。それぞれの園，地域，季節を生かして自然と関わることが，生きた保育につながる。本書で保育を学ぶ学生諸君には，本書の実践例を参考にしてもらいつつ，自身が保育に携わる園に合った自然との関わり方を考えてもらいたい。

　次節は，子どもたちが社会環境と関わることで，どのような育ちにつながるかを考えていく。

## 第2節　社会環境

　子どもたちは生まれたときから社会に属している。初めは家族という最小単位の社会。年齢を重ねるにつれて，保育所，幼稚園という他者も存在する社会に身をおくことになる。また，日常生活を送る中で様々な社会と関わっている。公共の交通機関やお店，レストラン，公園等の公共の場も子どもたちと密接に関わる社会である。

　子どもたちは毎日のように身近な社会と関わり，様々な体験をしている。社会と関わることで刺激を受け，模倣したり，遊びに取り入れたり

第4章 領域「環境」の内容

している。
　本節では，子どもたちが身近な社会と関わることが，どのような意味をもち，成長につながっているかを考えていく。

## 1 社会との関わりから生まれるごっこ遊び

　子どもたちは毎日のように身近な社会と関わり，様々な刺激を受けたり，憧れを抱いたりしている。お父さんやお母さん，バスや電車の運転手，お花屋さん，レストランの店員さん，幼稚園の先生等が子どもたちにとって身近な社会に存在する大人である。
　子どもたちは身近な大人に魅力を感じ，自分もそうなってみたいと思うようになる。このような子どもたちの思いがごっこ遊びにつながっている。
　幼稚園や保育所では「○○ごっこをしたい」「○○になりたい」という子どもたちの声が常に聞こえてくる。このように，社会からの刺激が子どもたちの意欲を高め，遊びを生み出すきっかけになっている。また，身近な社会の影響は，子どもたちに共通のイメージを与え，一緒に遊ぶときの有効な役割を担っている。
　このように，幼稚園や保育所では社会とのつながりから得た刺激を通して様々な遊びが生まれている。本項では，ごっこ遊びの実践例を紹介し，ごっこ遊びが子どもたちにとってどのような役割があるかを考えていく。

**事例9　電車ごっこ**

　男の子の好きなごっこ遊びの一つに電車ごっこがある。進級間もない年中組で「先生，電車をつくりたい」という声が挙がった。そこで自分も乗れるように段ボールを組み立て，組み上がったものをつなげて電車をつくることにした。はさみや段ボールカッター，ガムテープ等の道具を使えるようになったことから，保育者は子どもたちの手でつくってほしいと願った。そのため，保育者は子どもたちがつまずいたときにヒントを与えたり，必要に応じて手伝ったりするようにした。
　子どもたちは自身の生活経験から近くを走っている電車をつくる子もいれば，新幹線や地下鉄をつくる子もいた。
　電車ができあがると，さっそく乗り込み，廊下や園庭を走らせた。子どもたちは遊びながら線路がほしい，駅がほしい，自動改札がほしい，

パスモ（ICカード乗車券）がほしい等と様々なアイディアを提案するようになった。保育者も一緒に遊びながら子どもたちのイメージが形になるように援助した。

また，子どもたちは電車の運転手，車掌の動きや言葉をよく見ている。電車ごっこでは「出発進行，次は○○，○○」「閉まるドアにご注意ください」等と一言一句まねしていた。

### 事例10 おうちごっこ

子どもたちにとって一番身近な社会は家族である。子どもたちが集まると共通のイメージをもちやすいおうちごっこが始まることが多い。お父さん，お母さん，お兄ちゃん，お姉ちゃん，弟，妹，おじいちゃん，おばあちゃん，犬，猫等，それぞれの家庭の構成員から自分の役を選んで遊んでいる。「会社に行ってきます」「買い物に行ってきます」「もう，ごろごろしていないで，早く手伝って」「洗濯しなくちゃ」「あー，忙しい，忙しい」等とふだん見聞きしている様子を再現することを楽しんでいる。

子どもたちは自分がイメージしたことを実現することで遊びがさらに楽しくなり，そのことが意欲的に遊ぶきっかけになっている。

電車ごっこも，おうちごっこも，子どもたちの身近なところから始まるごっこ遊びである。誰もがイメージを共有できるため，多くの子が仲間入りしやすい状況である。

子どもたちにとって遊びはイメージしたことを実現でき，楽しむ機会であると同時に，友達とのコミュニケーションのはかり方を学ぶ機会でもある。多くの子が身近な社会から同じような刺激を得ることで，子ども同士でイメージを共有しやすく，集える場が生まれる。

このように，身近な社会からの影響で遊びが生まれ，遊びの中で友達とイメージを共有してコミュニケーションが発生する。コミュニケーションについては人間関係の領域で詳しく触れている。

## 2 園外保育の役割

幼稚園や保育所では，日常保育以外に遠足やお泊まり保育等，日常の園生活では体験することができない機会をつくっている。遠足やお泊まり保育はただ楽しい体験をすることが目的ではなく，それぞれの幼稚園や保育所が意図的に社会と関わる機会を設定している。子どもたちの日

# 第4章 領域「環境」の内容

頃の社会との接点は家庭によって違いがあるため，全園児が共通の体験をすることで，遠足やお泊まり保育後に共通のイメージのもと，新たな遊びが始まるきっかけができる。

それぞれの幼稚園や保育所によって独自性があり，園外保育の内容は様々である。ここではいくつかの実践例を紹介する。

### 事例11 電車に乗って遠足に行こう

年中組では，新しいクラスや集団行動に慣れてきた2学期前半に遠足を設定している。毎年，バスに乗って目的地まで行っていたが，その年は最寄りの沿線の水族館がリニューアルオープンしたことと，海の生き物に興味のある子が多かったことが決め手となり，行き先が水族館になった。ただ，幼稚園からバスで目的地に行ったのでは，公共の場を通らずに着いてしまう。保育者としては子どもたちに公共の場での過ごし方や振る舞い方も経験してほしいと願い，その年は電車に乗って目的地まで行くことに決めた。

日頃からほとんどの子が電車に乗って登園しているが，慣れがダレにつながり，車内での過ごし方を見直したほうがよさそうな状況でもあったので，遠足を通して自分の行動を見直す機会になればよいと考えた。

遠足を控え，子どもたちに水族館まで電車で行くことを伝えた。電車で行くということは，貸し切りバスと違ってほかのお客さんもいることを伝えると，日頃からマナーを守って電車に乗っているC児が「ほかのお客さんの迷惑になるようなことをしたらいけないんだ」と言った。C児の発言を受け，保育者は「たとえば，どういう過ごし方だとほかのお客さんも気持ちがいいのかな？」と問いかけると，ほかの子から「大声を出さずに，おしゃべりするときは小さい声で話すんだ」「電車に乗るときはドアの前には立たないんだ」「電車の中では歩いたり，走ったりしないんだ」等と日頃の経験から様々な声が挙がった。日頃，電車の中でついつい声が大きくなってしまうD児も，友達の発言を聞いて電車での過ごし方を再確認している様子だった。

公共の場も大切な保育の場

公共の交通機関を使って園外に出ることは，引率する保育者は安全面に配慮し，貸し切りバスで移動するよりも気が抜けない状況であるが，子どもたちにとってはひじょうによい機会である。

登降園の際，車内で大きな声でしゃべってしまうD児は，友達と一緒に電車に乗ったことがよい刺激になり，周りの状況を察して声の大きさをコントロールしていた。友達からもそのことをほめられ，自信を深めることができた。

　このように家庭から離れ，友達と一緒に公共の場での過ごし方を考え，そして実践できたことは，子どもたちを成長させた。「例年どおり」という考え方も大切であるが，その年の子どもたちの実態に応じて保育内容を変化させることが，子どもたちの育ちを後押しすることにつながるのである。保育活動を幼稚園，保育所内に限定せず，広げていくことは大切な視点である。

### 事例12 お泊まり保育をするために

　毎年6月に幼稚園の園舎で年長児のお泊まり保育をしている。このお泊まり保育は，ただ当日参加すればよいという内容ではなく，子どもたちの自発性を育てるために，子ども自身が約1か月間準備をして当日を迎えている。

　子どもたちはお泊まり保育があることは知っているが，具体的なイメージはない。そこで，保育者は「今度，幼稚園に泊まる日があるよね」「でも，幼稚園にはお風呂もないし，ごはんもないし，布団もないし，どうしようか？」と投げかけた。すると，子どもたちも困った様子であったが，しばらくして，「お風呂は温泉に行こうよ」と声が挙がった。そこでインターネットを利用して幼稚園に近い温泉を探したが，箱根まで行かないと温泉がないことが分かった。子どもたちは落ち込んだ様子だったが，E児が日常の生活経験から「お風呂屋さんがあるんだよ」と声を挙げた。ほかの子どもたちから「お風呂屋さんだったら，幼稚園の近くにもあるかもね」とE児の意見を後押しする声も挙がり，インターネットを使って調べることにした。調べてみると幼稚園の近くに数件のお風呂屋さんが見つかったので，地図を印刷してどこのお風呂屋さんがいいかを考えることになった。

　地図を見ながら「ここがいい」「あそこがいい」等と意見が出てきたが，決定的な決め手にならなかった。すると，F児が地図を見ながら「お風呂から出たら

一番近いお風呂屋さんを探すための地図

## 第4章 領域「環境」の内容

体が冷めちゃうから，幼稚園から近いお風呂屋さんがいいと思う」と意見を述べた。ほかの子もF児の意見に納得し，地図で一番近いお風呂屋さんを探すことにした。

定規を使って幼稚園とお風呂屋さんの距離を測り，あるお風呂屋さんが一番近いことが分かった。子どもたちはお風呂屋さんが見つかりホッとした様子であった。

子どもたちは行きたいお風呂屋さんを決めたものの，お風呂屋さんが許可を出してくれるかまでは考えが及んでいなかった。そこで，保育者からそのことを投げかけてみた。すると子どもたちは「あっ，そうか」と気が付き，G児は「電話をして聞いてみよう」と提案した。ほかの子も「いいね」と賛同し，さっそく自分たちで電話をかけてみることにした。電話をする人を決めて電話をしたものの，お風呂屋さんから「いつ来ますか？」「何時に来ますか？」「何人ですか？」「どうやってくるんですか？」等と質問を受けたが，そこまで煮詰めていなかったので，当然答えることはできなかった。お風呂屋さんは「そうしたら，今質問したことが決まったらまた電話してください」と言ってくれた。

電話を切ると，さっそく子どもたちは質問されたことを考えることにした。2日ぐらいかけてお風呂屋さんに伝えることをまとめ，再度電話した。二度目の電話では，入浴をお願いするために必要な情報を伝え，お泊まり保育当日の予約を取ることができた。

このような社会との関わりは，保育者がやってあげがちであるが，事例のように子どもたちに任せることもできる。任せることで，子どもたちは主体的に活動し，結果的に達成感を味わうことができる。このようにお泊まり保育をつくり上げる経験をした子どもたちは，自信をもって当日を迎えることができた。

ここで忘れてはいけないのが，この活動は無計画に進めたのではなく，保育者が事前にお風呂屋さんと連絡をとり，子どもたちがいつ電話をして，このような話をするので，子どもたちへの受け答えはこのようにしてほしいということの段取りを組んでいたことである。

このように保育者は黒子役に徹し，子どもたちが主体的に活動できるような環境を整えることが大切な役割である。

園外保育は遠足やお泊まり保育に限ったものではなく，規模は小さく

ても日常保育でも園外を活用することができる。次は遊びをさらに発展させるために園外に出たときの実践例を紹介する。

**事例13** 自動販売機ってどうなっているの？

　年中組の５月，H児のひと言から自動販売機をつくることになった。H児は様々な遊びに興味を示す子であったが，言い方を変えると一つの遊びに打ち込まない様子が見られる。保育者はもっと一つの遊びに打ち込んでほしいと願い，様々な援助を繰り返していたが，うまくいかない日が続いた。ある日，H児が「自動販売機をつくりたい」と言い出した。本人から出てきた思いであったので，自動販売機づくりに熱中してほしいと思い，保育者も積極的に関わった。

　どのようにしてつくるかをH児とも相談し，段ボールや空き箱，トイレットペーパーの芯等を使ってつくることにした。さっそく材料を集め，H児の得意な段ボールカッターも使って形づくった。できあがってきた自動販売機を見て友達も仲間入りし，H児につくり方を聞きながら作業は進んだ。ペットボトルが陳列してあるところや出てくる出口等はできあがったが，お金を入れるところ，おつりが出てくるところ等はうまくつくれなかった。作業が止まり，H児はいつものようにほかの遊びに気持ちが動き出そうとしていた。

　そこで，保育者から「つくり方が分からなくなったのなら，本物の自動販売機を見に行かない？」と声をかけた。H児は予想もしなかった保育者の一言を聞いて「行く！」と即答した。そこで保育者は「本物を見に行きたいけど，どこに行けばあるかな？」と尋ねたところ，H児は日頃の生活経験から，幼稚園の近くの食堂に設置してある自動販売機を思い出した。H児の提案で食堂まで行くことになったので，自動販売機遊びをしているメンバー全員で園長先生のところへ行き，担任と一緒に食堂の自動販売機を見に行ってもいいか聞くことにした。

　園長先生は，H児のことや，ここまでの遊びの様子を把握していたので，快く承諾してくれた。ただ，園外に出るので，園長先生は子どもたちに車に気を付けること，担任から離れないことを伝えた。

　園長先生との約束を守り，安全に気を付けて食堂に着くと，子どもたちはさっそく自動販売機を観察した。「先生，お金はコインとお札を入れるところがあるよ」「おつりが出てくるところもあるね」「おつりを出すためのレバーもあるよ」等と，本物を見たことでイメージがふくらんだ様子であった。ちょうど自動販売機で飲み物を買う人がいたことで，

## 第4章 領域「環境」の内容

　子どもたちは一連の流れを目にすることができた。また，担任は子どもたちが本物を見て気が付いたことを視覚的に残したいと思い，写真も撮影した。
　さっそく幼稚園に戻り，子どもたちは見てきたことを自分たちの遊びに生かそうとした。材料が足りないので，空き箱等を集め，お金を入れるところやおつりが出るところなどをつくった。H児も最後まで自動販売機づくりに関わり，できあがった自動販売機で遊ぶことを楽しんだ。
　H児の様子から，この遊びは実物の自動販売機を見ていなければ，行き詰まり，自然に消滅していたかもしれない。この実践例のように，日常の園生活から飛び出して刺激を受けることは，子どもたちにとって自分たちの遊びを広げ，豊かにするよい機会になる。ただ，このように実際に連れて行くことがむずかしい場合は，写真や動画を用意したり，家庭に帰ったあとに家族と見に行くように声をかけたりすることもできる。

　本項で紹介した3つの事例は，どれも保育者の思いつきによるものではなく，「園外に出て，身近な社会と関わることを通して子どもたちの成長を促したい」という保育者の意図がはっきりしている。ここまで幾度も述べてきたが，保育内容を園内に限定せず，身近な社会と関わることで子どもたちの遊びや生活が豊かになる。ただ，園外に行けばよいということではなく，子どもたちの実態をとらえて最良の判断をすることが保育者に求められる。

## 第3節 遊びと環境

　本章はここまで，子どもたちと自然，社会との関わりについて記述してきたが，ここからは園生活の中心である遊びの環境について考えていく。教育基本法第2章，第11条には，「幼児期の教育は，生涯にわたる人格形成の基礎を培う重要なものであることにかんがみ，国及び地方公共団体は，幼児の健やかな成長に資する良好な環境の整備その他適当な方法によって，その振興に努めなければならない」と記してある。また，幼稚園教育要領の第1章総則第4，2．指導計画の作成上の基本的事項の中に，「環境は，具体的なねらいを達成するために適切なものとなる

ように構成し，幼児が自らその環境に関わることにより様々な活動を展開しつつ必要な体験を得られるようにすること。その際，幼児の生活する姿や発想を大切にし，常にその環境が適切なものとなるようにすること」と明記されている。"環境"という言葉を耳にすると，「環境問題」「自然」等をイメージすると思うが，幼稚園，保育所でいう"環境"とは子どもたちを取り巻くすべてのものを指す。具体的には遊具，道具，素材，保育室，自然環境，人等のことである。また，環境もひとくくりにはできず，"物的環境"と"人的環境"に分けることができる。物は子どもたちを取り巻く環境としてイメージできると思う。人についてはイメージしづらいと思うが，子どもたちを取り巻く人，つまり保育者も環境の一部であり，人的環境としてとても大切な役割がある。

　本節では子どもたちが物的環境と人的環境にどのように関わり，遊びや生活とどのような関係があるかを考えていく。


## 1 子どもと物的環境

　子どもたちは常に様々な物と関わっており，物との関わりで刺激を受けたり，遊んだりしている。このことを裏返すと，子どもたちと密接に関わっている物の存在はとても大切であり，子どもたちを取り巻く物によって子どもたちの遊びや育ちが変わってくるといっても過言ではない。

　幼稚園や保育所は子どもたちをただ預かり，自由に遊ばせていればいいという場所ではないことから，子どもたちが過ごす環境として保育者の意図的な保育環境の設定が求められる。ただ，子どもたちは唯一無二の存在であることから，そのときどきによって環境を変えなければいけないことは言うまでもないことである。

　また年齢，時期によっても環境設定が変わってくる。たとえば，入園間もない年少児が年長児と同じ保育環境であった場合，明らかに年少児の実態とそぐわない。入園間もない年少組であれば，安心でき，家庭に近い雰囲気や環境をつくる。ぬいぐるみや電車，お絵かきコーナー，粘土コーナー，好きなキャラクターの絵本等意図的に設定する。また，遊具の出し入れをしやすいように工夫したり，片づけるところが視覚的に分かりやすいような表示を貼ったりする。

　このように環境一つで子どもたちの動きが変わるため，環境設定は保育者の最も大切な援助である。そこで，具体的な事例を通して子どもたちが関わる物的環境の大切さについて触れていく。

# 第4章 領域「環境」の内容

### 事例14 年少組のおうちごっこ

　入園間もない年少組の子どもたちにとってお母さんと離れて生活することは大冒険であったが，5月に入ると幼稚園にも慣れ，担任への信頼も増してくる。入園当初は保育者が設定した遊びの環境の中で遊ぶことを楽しんでいたが，徐々に「おうちごっこをしたい」「ヒーローに変身したい」「お姫様になって遊びたい」等と自分の思いを伝える姿も見られるようになってきた。

　なかでも「おうちごっこをしたい」と思う子が多かったことから，保育者は初めに設定したが誰も遊んでいない遊びの環境を片づけ，子どもたちと一緒におうちごっこに必要なキッチン，畳，机，食器等を出した。子どもたちはやりたい遊びができるとあって，積極的に準備していた。

　おうちごっこを設定する場所としてちょうど部屋の隅のコーナーが空いていたので，とりあえずコーナーにおうちごっこの場所をつくった。すると，子どもたちは，お父さんやお母さん，お兄さん，お姉さんになりきって楽しく遊び始めた。

　子どもたちが楽しそうに遊んでいる場から少し離れたところに目を向けるとI児が立っていた。I児はどちらかというと何事にも積極的に関わるタイプではなく，やりたい気持ちはあるものの，一歩引いて友達の様子を見て，「大丈夫」と安心してから活動に参加することが多い子だった。おうちごっこにも今までのように様子をうかがってから入るのかなと思って見守っていたが，結局その日は仲間入りすることがなかった。

　子どもたちが降園したあと，保育室の環境を眺めながらその日の保育を振り返った。その日に始まったおうちごっこの環境，そして遠巻きにおうちごっこを見つめるI児を思い浮かべた。ちょうど空いていたコーナーにおうちごっこの環境を設定したが，果たしてそれがI児にとってよかったのかと考え，翌日の保育に向けておうちごっこの場所を部屋の中央に設定することにした。

　翌日，子どもたちが登園してくると，子どもたちは「おうちの場所が変わったね」と環境の変化に気が付いている様子であった。朝の仕度を済ませると，昨日と同じように多くの子がおうちごっこに参加した。I児の様子を見ていると，みんなと同じように朝の仕度を済ませた後，おうちごっこの場に近づき，「入れて」と言って仲間入りすることができた。

　これはI児の様子とおうちごっこの環境を設定した場所に着目し，おうちごっこの場所を部屋の中央に移したことで，I児が仲間入りするこ

とができたという事例である。

　初めにおうちごっこを部屋の隅に設定したが，このときⅠ児はなぜ仲間入りすることができなかったのだろうか。状況を見ていたところ，部屋の隅にあるおうちで大勢の友達が遊んでいたことで，混雑した様子が入りづらい雰囲気をつくってしまったのではないかと考える。

　そこで，保育環境を部屋の隅から中央に移すことを考えた。部屋の中央に移すとどのようなメリットがあるだろうか。それは，部屋の隅と違い，中央に環境を設定することで，四方から遊びに入れる点を挙げることができる。入りやすい環境を設定することで，子どもたちの気持ちや動きまで違っている。

　このように，子どもたちの遊びの環境は，ただ思いつくままに設定すればよいのではなく，保育者は子どもたちの実態を把握し，意図的に環境設定することが求められるのである。

### 事例15　池に架ける橋をつくりたい

　本項の冒頭にも記述したように，子どもたちの年齢，発達段階に応じて保育環境が変わってくる。

　年長児は遊びや道具類の経験値が増え，様々なことができるようになってくる。子どもたちは段ボールや紙等を使う制作だけでは物足りず，より本物に近いものをつくりたいと願うようになる。

　ここからは，年長の5月から7月まで長期にわたって続いた木工遊びの事例を紹介する。ただ，遊びが始まったきっかけから記述するとひじょうに長い事例になってしまうため，環境設定に絞って記述する。

　園舎の裏にある池に架ける橋をつくるため，ペットボトルや石等，様々な材料を使って橋づくりに挑戦したが，どれもうまくいかず，最終的に木材を使って橋をつくることにした。ただ，木材を置くだけでは橋にならないので，木材をつなぎ合わせたり，切ったりすることになった。また，トンカチ，釘，のこぎりも使うことになった。

　どの道具も使い方によっては危険なものであるため，安全に使うための約束をしたり，保育者と一緒に安全な使い方を覚えたりすることを大切にした。また，子どもたちにのこぎりやトンカチの本数を把握してもらうために一本一本に番号をつけた。やすりや釘の安全な使い方に

のこぎりやトンカチも安全に使う年長児

101

# 第4章 領域「環境」の内容

ついても子どもたちと一緒に考え，保管場所を決めた。一歩まちがえればケガにつながるため，通常の環境設定よりも安全への配慮が求められるのである。

橋づくりが始まると，初めのうちは道具をうまく使いこなせず，木材の切り口が曲がったり，釘が斜めになったりしていたが，回数を重ねるごとにコツをつかみ，危険な道具も安全に扱えるようになった。

実際に橋が完成すると子どもたちは喜び，達成感を味わうことができた。

この事例では，幼児にとってやや危険であるトンカチやのこぎり，釘等の道具を使った。年少，中組であれば，出すことのない環境であるが，年長児だからこそ保育環境として設定することができた。子どもたちも危険なものであるという認識があるからこそ，慎重に道具を扱うことができる。ただ，安全に扱えるようになったとはいえ，大人の目が必要な保育環境であるため，必ず保育者も一緒に活動する必要がある。

このように，危険なものをすべて排除するのではなく，幼児でも扱えると判断したものは，安全面に気を付けて活動することで，子どもたちにとってよい保育環境となる。

これまでも述べてきたように，子どもたちの遊びの環境を設定する保育者の役割は大切である。ここまでの事例では一つ一つの遊びに触れてきたが，遊びは保育室，隣の保育室，園庭等の様々な場所で発生し，展開されている。一つ一つの遊びの質を保証する意味からも，保育者には遊びの環境をデザインする力量が求められる。

たとえば，じっくりと制作をしている隣で，音楽を流してダンス遊びが始まったらどうか。当然，じっくり制作している子どもたちはダンスが気になり，なかには制作をやめてダンスに入ろうとする子もいるだろう。また，ガラス戸で仕切られている同じ学年の隣のクラスに設定されている遊びと，同じ遊びの環境が自分のクラスにあった場合，状況にもよるが別々に環境を設定する必要があるのか。

自分が担当するクラスはもちろんのこと，隣接するクラスも含めて保育環境を考えていきたい。そして，環境を設定する際は，前述したように，遊び同士が干渉しないように配慮したり，子どもたちの動線も意識したりする必要がある。

次に子どもたちの動線を意識して環境を設定した事例を紹介する。

**事例16** 犬ごっこの環境づくり

　年中の5月頃，J児の発案で犬ごっこを始めることになった。J児を中心に4人のメンバーが集まって遊びたい様子であったため，部屋の隅にカーペットを敷き，そこを犬の家にして遊ぶことになった。様子を見ていると，J児たちは仲よくなり始めたばかりであったため，一緒に過ごすことで仲を深めようとしているように見えた。案の定，J児たちは4人で遊びたいため，自分たち以外の友達が仲間入りすることを拒んでいた。保育者もJ児たちの様子を見て，まずは4人の関係性が深まることを願った。

　翌日，J児たちが「もっと犬小屋っぽくしたい」と言ったことがきっかけとなり，カーペットに沿って段ボールで壁をつくることになり，屋根までつけた。また，小屋の玄関は一か所だけにして，出入りはそのドアを通らないとできないという遊びの動線が生まれた。

　4人の犬ごっこに魅力を感じ，仲間入りしたい友達が出てきたため，J児たちの犬小屋とは少し離れたところに新しい犬小屋をつくった。仲よしメンバーだけで遊びたいJ児たちと，犬ごっこに魅力を感じていたそのほかの子どもたちの遊びを保障するための最善の環境であろうと判断した結果である。

　しばらく遊んでいたところ，J児たちから犬小屋とは別にごはんを食べる部屋がほしいという要望が挙がり，犬ごっこをしているメンバー全員で相談した結果，二つの犬小屋の中間に共通の食事部屋をつくることになった。それぞれが犬小屋をつくって遊んでいたが，共通の場所ができたことで，互いに入り交じって遊ぶようになっていった。

意図的に設定した保育環境

　このように，子どもたちの動線を考えて意図的に保育環境をつくったことで，それぞれの子どもたちが自分の思いを満たして遊ぶことができた。環境一つで子どもたちの遊び，そして動きが変わってくるため，保育者は一つ一つの遊びを大切にしつつ，ほかの遊びとの関係性も視野に入れて援助することが大切である。

第4章 領域「環境」の内容

## 2 子どもと人的環境

　前項では子どもたちと身近な物との関わりについて触れ，事例を通して子どもたちを取り巻く保育環境が，遊びの質に大きく影響することを述べてきた。保育環境として置いてある物，そしてその物が置いてある位置は子どもたちの実態に即していなければならず，保育者は常に保育環境を見直さなければいけない。

　さて，子どもたちを取り巻く環境は物だけではない。保育の場面で共に生活している保育者も子どもたちにとって大切な環境である。「保育者も環境」ということに違和感を感じるかもしれないが，保育者も子どもたちの遊び，生活，育ちに大きな影響を与えている存在であるため，人的環境と呼んでいる。また，子ども同士も互いに影響を与え合っている存在であるため，子ども自身も人的な環境であるといえる。

　子どもたちにとって最も身近な人的な環境は保育者である。保育者は登園時，遊びの時間，クラスの時間，お弁当，帰りの時間，降園時と常に生活を共にしているため，子どもたちに与える影響は大きい。

　子どもたちは保育者の言葉遣い，身なり，言動等を常に見ているため，保育者の言動を自然のうちにまねている。よい言動であればよいが，言葉遣いが悪かったり，他者への話し方が穏やかでなかったりすると，それも影響してしまう。子どもたちと関わる保育者は常に子どもたちにとってよき人的環境でなければいけない。

　また，保育者は一人の人間として豊かな感性をもち合わせていることも大切である。きれいなものを見て「きれい」と子どもたちと共感したり，思いっきり遊んで「楽しかったね」と楽しさを共有したりすることで，子どもたちに保育者の感性が伝わり，その心地よさを味わうことができる。

　また，年齢を問わず，保育者は子どもたちが安心できる存在でなければならない。特にクラス担任は，母親のもとを離れて生活する子どもたちの拠り所になる。安心できる環境になるためには，まずは信頼関係を築くことが大切である。朝の挨拶に始まり，スキンシップ，一緒に遊ぶこと，一緒に楽しい経験を共有すること等が信頼関係の構築につながる。

　ただ，信頼関係を築くためのアプローチは子どもたち一人ひとりによって違う。一人ひとりの実態を見極め，関係を築いていくことが求められる。子どもたちと信頼関係を築いている保育者には，子どもたちから助けを求めてきたり，遠慮せずに自分の思いを伝えたりしてくる。こ

のように子どもたちが保育者を頼りにしようとする関係の構築をしていくことが大切である。

　本項では，人的環境としての保育者の役割に触れ，解説していく。

### 事例17　遊びが発展するきっかけをつくる保育者

　子どもたちは園生活の中で友達と仲よくなり，年齢が上がっていくにつれて，保育者がいなくても自分たちで遊びを始めたり，つくり上げたりするようになる。ただ，子どもたちの力だけでは，遊びが発展しないこともある。保育者は常に子どもたちの遊びを見取り，必要に応じて援助する。たとえば，本節第１項で事例としてとりあげた橋づくりでは，子どもたちは初め，ペットボトルで橋をつくろうと考え，ペットボトルを用意し，一つ一つをつなげて水の中で浮かせようとした。ただ，実際につくってみた結果，うまくいかず，子どもたちは橋づくりを断念しようとしていた。保育者はこのタイミングで声をかけ，子どもたちからここまでの様子を聞いた。ここまでは自分たちで考えてつくり上げようとしていたため，次の援助も子どもたち自身で判断できるように，答えは言わず，ヒントを与えることにした。子どもたちと一緒に木材が置いてある倉庫を見に行き，子ども自身に倉庫内で使えそうなものがあるかどうかを判断してほしいと願った。ある程度探したところでK児が木材に目を留め，木材で橋をつくれるのではないかと提案した。木材＝のこぎり，トンカチ，釘と連想し，木工作で橋をつくることになった。

　子どもたちは，保育者に「木材を使ったらどうかな？」と言われたのではなく，自分たちで木材に着目したことが遊びを発展させる意欲につながった。その裏では保育者が意図的に子どもたちを倉庫に連れて行き，子どもたちが木材を選ぶきっかけをつくった。

　保育者は人的環境として子どもたちと共に過ごしながら，状況に応じて援助の方法を変えていくことが大切である。

　この事例では，保育者は黒子役に徹し，子どもたちが困ったときに手を差し伸べた。

　ただ，保育者は常に黒子に徹することが人的な環境としての役割ではない。子どもたちを取り巻く環境は様々であることから，次の事例では保育者が別の形で子どもたちと関わる様子について触れる。

## 第4章 領域「環境」の内容

**事例18** 子どもたちの実態を見極め，一緒に遊ぶ保育者

　保育者の役割として黒子的な援助について触れてきたが，意図的に子どもたちと一緒に遊ぶことも大切な役割である。たとえば，遊び方を伝えたいときに保育者も一緒に遊びながらモデリングを示すことがある。モデリングとは保育者自身が手本となることである。

　年中組では5月から6月にかけて高オニがはやった。大勢の子どもたちが参加し，クラスの中の中心的な遊びであった。高オニが始まって以来，高オニをしている友達を遠巻きに眺めるL児の姿があった。L児は初めて体験することに慎重になり，自ら仲間入りすることが少なかった。L児の姿を見て保育者は，高オニの楽しさが伝わるように自分も子どもたちと一緒に思いっきり遊ぶことにした。また，楽しく遊ぶ姿を見せながら，「L，楽しいから，一緒に遊んでみない？」と声をかけた。L児は「一人ではドキドキするから，先生が手をつないでくれたらやる」と言って，仲間入りすることができた。

　L児は初めこそ保育者と手をつないで遊んでいたが，高オニの楽しさが分かると，保育者の手を離して遊ぶようになった。それからは翌日も，翌々日もL児から積極的に仲間入りするようになった。

保育者も意図的に仲間入りした高オニ

　この事例では，保育者が積極的に遊びに入り，仲間入りするきっかけがつかめないL児に高オニの楽しさを伝えた。保育者が楽しそうに遊んでいたら，その楽しさは子どもたちに伝わる。また，子どもたちは保育者が一緒に遊んでいることで安心することができる。保育者は自分があえてその環境の一部になることで，子どもたちにどのような影響を及ぼすかを考え，援助することが大切である。

　第1節では自然環境，第2節では社会環境，第3節では遊びと環境について，事例を通して解説してきた。子どもたちが身近な自然，社会そして遊びと密接に関わり，刺激を受けながら自分たちの生活や遊びを豊かにしていくことが分かったと思う。ただ，第3節にも記したように，子どもたちの力だけでは身近にある自然や社会から受けた刺激を生かしきることができない。そこで大切になってくるのは，子どもたちと生活を共にしている保育者の存在である。保育者は常に子ども一人ひとりの

様子に気を配り，本章に記述した事例のように子どもの様子に応じて援助することが求められる。子どもたちは保育者の援助を受けて，さらに身近な自然や社会に興味を示し，年齢を重ねていくとともに知的好奇心が湧き，「もっと知りたい」という思いが増していく。

　こうしたことからも，子どもたちは幼児期に身近な自然，社会，遊びに積極的に関わり，多様な経験を積み重ねることが必要になってくる。幼児期に多様な経験を積み重ねたことが，小学校以降の学習の場で大いに生かされるのである。第6章では保幼小連携について記載している。子どもたちが幼児期に経験し，学んだことが児童期にどうつながっていくのかを知ることで，幼児期の教育をさらに深めることができる。学生諸君の幼児教育の専門家としての資質が高まることを願い，本章の結びとする。

# 第4章 領域「環境」の内容

① 幼稚園，保育所で小動物を飼育することは子どもたちにとってどのような意味があるだろうか。
② ダンゴムシをよく観察し，保育で実践できる飼育の仕方やダンゴムシを生かした活動を考えよう。
③ 園外保育の役割を述べ，自身で活動のねらいを設定した上で，園外保育を計画しよう。
④ 遊びの環境を設定する上で大切なことは何だろうか。

◎ 文部科学省「幼稚園教育要領解説」2018年

# 第5章

# 領域「環境」の保育計画

本章では、おもに植物や動物への関わり、数量への関わり、社会への関わりについて、子どもの成長発達の姿を基礎におきながら、領域環境に求められている「ねらい」や「内容」に応じた、保育計画の考え方や具体的な活動の展開を考えていく。また、子どもにとって充実した楽しい1日をつくるためには、どのようなことが必要であるのか、子どもの中に育てるべき力とはいったいどのようなものなのかについて、具体的、実践的な保育活動を考えてみることにする。

## 第1節 動植物との関わり

### 1 人と動物との関わり

人と動物との間には、古来より食糧、衣料、移動、使役、愛玩、観賞、保護といった関わりが見られる。食糧としての利用は、飛鳥時代まで遡り、おもに鹿、イノシシ、キジ、牛、馬、犬、ニワトリ等が食されていたが、積極的に利用されるようになったのは明治以降とされる。衣料としての利用は、一般に定着し始めたのは戦後になってからで、襟巻やコートとして普及するようになった。移動としての利用では、馬、牛、山羊、犬等が挙げられる。なかでも馬の存在は大きく、戦闘用から移動用まで、その用途は多岐にわたったが今日では車社会の普及により、移動手段としての利用は消滅している。使役としての利用は、おもに農耕や狩猟の用途が多く、牛、山羊、犬、ニワトリ等、いわゆる家畜として利用され、今日に至っている。愛玩（ペット）としての利用では、狆（ちん）（日本原産の犬）と猫が挙げられ、愛でる（かわいがる）対象として今日に至っている。最近では、愛玩（ペット）としてではなく、伴侶動物（コンパニオンアニマル）といった名称で表されている。観賞としての利用は、古くはラクダやクジャクといった珍しい動物、珍獣を「見世物」として扱っていた。今日では動物園で見られるジャイアントパンダ等がその典型といえよう。また、昨今のペット・ブームを見ると、癒し（ヒーリング）効果やアニマルセラピーとしての効果を期待するものにもなっている。保

第5章 領域「環境」の保育計画

護としての利用では，希少種，絶滅種等を保護する動き，種の保存といった形で動物を保護する動きがある。トキ，タンチョウヅル，イリオモテヤマネコ，ヤンバルクイナ等，保護対象とする動物は多い。一方で，イノシシ，鹿，熊等，人や作物に害をもたらす「害獣」として駆除の対象となる動物も多く，科学的生態調査の対象となる動物も多い。

このように，人と動物との関わりには多様な意味が存在することが分かる。以下では，人と動物の関わり，とりわけ，学校という場における子どもと動物の関わりには，どのような意味があるのかについて考えてみることにする。

## 2 学校の動物飼育が果たす役割とは

我が国の学校における動物飼育は，明治後期に「学校園」としての植物栽培にニワトリを利用した例に始まる。本格的な動物の飼育の普及が見られるようになるのは戦後，学習指導要領の中に動物の飼育が位置づけられるようになってからのことである。では，なぜ動物の飼育が学校という場で行われるようになったのであろうか。それには，以下のようなことが挙げられる。

### ① 動物飼育が子どもの情操教育として有効であるという認識

動物飼育が学校教育の場に取り入れられるようになったのは，戦後，動物との「触れ合い」を重視した情操教育に始まる。子どもに対して積極的に動物に触れる機会をつくり，「やさしい心」を育て，再び戦争を起こすことのないようにしようとした思惑があったためである。

### ② 家庭の代替えとしての動物飼育

戦後の復興が進み，都市化や集合住宅が増えていく中で家庭の中で動物を飼うことができず，その代替えとして，動物園や学校がその役割を担ってきた背景がある。

### ③ 動物飼育を通した現実感や責任感の育成

今日のような情報化社会では，いわゆるバーチャル化（虚像世界）が進み，子どもたちは非現実的世界の中に遊びを求める傾向が出てきた。ゆえに，子どもには動物飼育を通して動物本来の姿や手に触れる感覚，生命の尊さ，生命を預かる責任感等を育成しようとしている。

#### ④ 動物愛護と科学的理解との融合

　動物飼育によってはぐくまれるのは生命の尊さだけでなく，動物を愛護する精神もはぐくまれていく。好きな動物への思い入れは，様々な生態的知識や飼育技術も求めるようになる。結果として，飼育対象となる動物への愛着，知識，飼育技術等が身に付いていくことになる。

#### ⑤「かわいい」動物のお世話

　子どもたちは，何より「かわいい」と思う動物を飼育したがる。それは，「かわいい動物をお世話したい」と思うところに根拠があるわけで，「お世話をする」ことは，「飼う」こと以上に「愛情を注ぎ込む意味が含意されており，ふれあいとともに，動物への愛情を醸成すること」[1]になる。

## 3 動物飼育によって身に付く力

### ① 豊かな感情，感性

　動物飼育によって育つことが期待されるものとして，やさしさ，思いやり，いたわりや気付き，発見，工夫等の豊かな感情，感性がある。これらは，子どもが自ら積極的に飼育を行うことによって身に付いていくものである。動物飼育は，保育者や大人に無理やり"やらされる"ものではなく，子どもが自ら興味関心を抱き，動物の飼育を欲するからこそ行うのであって，そこに豊かな感情・感性の育ちが存在するのである。

### ② 動物の生態の理解

　子どもにはまず，動物との「出合い」がある。子どもが本当にその動物を好きになると，毎日のように触ったり，見にくるようになる。やがて，餌をやり，掃除を始め，その動物に思いをめぐらすようになる。こうした一連の関わりの中で，子どもはその動物の生態を学び取っていくのである。「どのようなところにすんでいるのか，何を食べるのか，どこで寝ているのか」といったことや「この餌はよく食べる，食べすぎるとおなかをこわして糞がゆるくなる，それは自分と同じである」等，動物の姿と自らの姿を重ね合わせ，動物の行動を考え，思いをめぐらし，生の姿を学んでいく。動物飼育のプロセスにはこうした子どもの学びの姿を見ることができるのである。

### ③ 死生観

　子どもと動物との関わりが深まるにつれ，両者の間に愛着が形成されていく。子どもが動物の死に直面したとき，動物に対する愛着が深いほど，悲しみもまた深くなり，命の終わりを実感することになる。しかし，それはまた，死があるから生を大切にしなくてはならないということを学ぶ機会であり，生きている間に何をしたらよいのかを学ぶ機会でもある。さらに，保育者が動物の死をどのように子どもに投げかけるかが重要で，動物の死を「かわいそう」といって子どもに見せないようにするか，死という現実をしっかりと理解させようとするか，保育者の対応しだいで子どもの生死に対するとらえ方が変わってしまうことがある。子どもの生活においては，死に直面する機会はそうそうあるわけではないので，できるだけ「死」という現実の姿を見せ，動物の生死について考えをめぐらす機会をつくっていくことが必要になろう。

### ④ 動物愛護の精神

　動物愛護の精神を築くには，子ども自身が積極的に動物飼育のプロセスに関わることが大切で，その中で愛着が形成され，動物に対する愛護の感情を抱くようになっていく。子どもが本当に飼ってみたい，お世話をしたいと思っているかどうかが重要で，いやいやながら仕方なくやっている状態では，動物愛護の精神は育ちにくい。むしろ積極的に「やってみたい」という気持ちをもって飼育を行うことが大切になる。そのためには，保育者が「○○（動物の名前）はね，いつも君に会いたがっているんだよ」，「餌をもってきてくれてありがとう。きっと喜ぶよ」といった具合に声をかけていくことが必要で，動物のことを大切に思う，いとおしく思う気持ちがもてるようになることが動物愛護の精神をつくることになるのである。動物愛護の精神を育てるということは，単に動物をかわいがるだけのものではなく，生命の尊重や人間と動物のつきあい方を考えるための大切な課題であるといえるだろう。

## 4 カリキュラムへの位置づけ

### 年間飼育表を考える

　年間を通して，どのように動物と関わることができるか，また，それによって子どもの中にどのような力が育つことになるのかといった見通しをもつことが大切である。

中川は，動物飼育の年間の流れとして，以下のような年間計画のモデルを提示している[2]。各園の飼育実態に合わせて工夫，変更できるとよいであろう。

表5-1　動物飼育の年間の流れ

| 幼稚園での一例：動物飼育活動活用教育 の年間の流れ　　　　中川美穂子 白梅学園大学論叢創刊号 | | | | | | |
|---|---|---|---|---|---|---|
| ねらい：子どもの園生活の中にその年齢・発達にあった動物を身近に飼って，保育士の支援のもと楽しませ世話に関わらせることで心を安定させ，人間関係，探究心，言葉などの発達への刺激となり，表現活動にも展開できるように期待する。<br>支援システム：保護者の休日の世話と獣医師会との契約による助言，支援システム。 | | | | | | |

| 月 | 4～5月 | 6～7月中旬 | 7月下旬～8月 | 9～10月 | 11月初め | 11月中旬～1月 | 2～3月 |
|---|---|---|---|---|---|---|---|
| 動物の状態の特徴 | 新しく世話する人になれていない。 | 暑さと湿気に弱い。 | 休日の世話不足で弱りがち。 | 食欲がまし太る。 | 寒さに向かって，栄養をつける。 | 寒さと正月休みのため，凍死・餓死が見られる。 | 春休みに世話が不足する。 |
| 必要な動物への配慮 | 風囲いを4月半ばに取り去る。 | 落葉樹の下など風通しの良い場所におく。 | あまりに暑い時や湿気の高い時は，冷房を考える。 | 行事が多い季節だが，世話を忘れない。 | 風囲い・木製の巣箱を調達。あるいはダンボール箱をいれる。休日の世話確認。 | 風囲い。餌の充実。巣箱の完備。休日の世話。 | 風囲いや巣箱を継続。休日の世話分担を準備しておく。 |

| 3歳児<br>動物種：<br>小鳥<br>(チャボが最適) | ねらい：教師や安心できるお友達，物や場所に親しみ，安定して過ごす。<br>内容：飼育小動物と出合い，安心してすごす(意図して親しませる)。<br>効果：小さい生き物に対する心遣いの芽生え，自然への関心，動物の反応への探究心などの発達。 | | | | | |
|---|---|---|---|---|---|---|
| | 活動の一部<br>・世話の簡単なセキセイインコなどの小鳥を，ケージにいれて身近に置く。<br>・保育士と一緒に見る。保育士が小鳥の世話するとき一緒にお話しながら見ている。<br>・小鳥がさえずると，一緒に歌うなど，一緒の生活を楽しむ。<br>・自分でみつけたハコベやその他の草をつんでケージに差し入れて，食べるのを楽しむ。草にも関心が広がる。<br>・季節が寒いときやとても暑いときは，指導者を手伝ってケージを園舎の中に入れたり，暖かいときは外にだしたりして，体への気遣いをする。 | | | | | |

| 4歳児<br>動物種：<br>モルモット | ねらい：興味や関心を持ったことを取り入れながら，遊びを広げていく。<br>内容：飼育小動物に興味をもってかかわり，親しむ。<br>効果：愛情，友達との協力，探究心など，多岐にわたる発達が見られる。 | | | | | |
|---|---|---|---|---|---|---|
| 活動 | ・最初に関心と親しみを養うため（ふれあい教室）をする。<br>・教室の外(テラス)に飼う。<br>・やりたい子が先生と一緒に世話をする。<br>・先生と一緒に，部屋の中で抱っこする。このときウンチをするので，ランチ前には友達と一緒に片付ける。 | ・休み中は交代で，保護者と一緒に，家庭で世話をする。<br>・家庭での共同作業として，良い体験になる。 | ・9月，動物園への遠足で，多種の動物を見たり，ふれあい広場でモルモットを抱くなどして，動物への知識や体験の広がりを刺激する。<br>・絵や劇などの表現活動に動物や動物体験を活用する。<br>・日常の世話は，先生と一緒に行う。 | | ・冬休みは家庭に預かって保護者と楽しむ。 | ・5歳児の世話しているところを，一緒にみて来期の自分たちの飼育活動を知る。<br>・モルモットは，下級生に世話してもらうので，動物との別れを体験する。 |

# 第5章 領域「環境」の保育計画

| 月 | 4～5月 | 6～7月中旬 | 7月下旬～8月 | 9～10月 | 11月初め | 11月中旬～1月 | 2～3月 |
|---|---|---|---|---|---|---|---|
| 5歳児<br>動物種：<br>鳥類<br>チャボ | ねらい：生活に見通しを持ち自分たちで進めていこうとする。<br>内容：飼育動物の世話をして，生き物と深くかかわる。<br>効果：愛情をもって接し，動物を良く観察できるようになり，言葉を持たない動物が喜ぶように工夫をするようになる。<br>　　　生き物への知識が増える。命への対応を覚える。 ||||||||
| 活動<br>※アヒルは水が無いと足を痛め，その水の世話が大変だから避けたい種類 | (4歳児の終わりに上級生の世話を見ている)<br>・ふれあい教室を受ける<br>・最初は，グループ作り<br>飼育について，連休明けに先生の手伝いをさせて，世話の方法の確認をさせる。<br>その後，生活グループごとに全員が世話をしていく。 | ・土日の世話，長期休業時，交代で，保護者と一緒に登園して動物の世話をする。<br>・家族の行事として案内し，楽しんでもらっている。 | 〈9月〉<br>観察が細かくなり様々な発見や疑問を見つけて気遣いをする。知識が増える。(獣医師への質問会：病気の手当てと園児への説明，飼育指導，死亡時の死因検索と説明や埋葬支援など，園児の要望に応える)<br>・劇，絵などに表現する。<br>・誕生会には，チャボの産んだ卵を料理に使って，みんなでお祝いする。 || ・冬休みもすべて保護者と一緒に子どもが世話に関わる。 | ・卒業まで，いとおしんで世話をする。<br>〈卒業式〉<br>子どもたちが，今までの園生活や活動を振り返る言葉を述べるが，必ず飼育活動が入る。 ||
| 留意点 | ○保護者に年度初めに飼育活動の目的説明し，支援をするように案内する。アレルギーなど困る点についても調査して対応を考える。<br>　愛情のある動物飼育体験は，子どもの成長に大きな効果を上げることについて，共通理解を得ておく。<br>　「大人の思惑を超えて，子どもは動物と心を直結させる」ことをふまえて，対応する(子どもの心配を後回しにしない)。<br><br>・自分の気持ちだけで，動物をおもちゃにしないように，小さいものへの気遣いを培うために，動物の気持ちや何を考えているかを，子どもと語りあう。これはお友達への気遣いに通じる。<br>・その子の反応に応じて，なでさせたり抱っこさせる。楽しい印象を大事にして，嫌がる子には無理強いせず楽しさを見せるにとどめる。<br>・「世話は，5歳児の2学期くらいで一人でもやれる」との誇りを持たせるのも良いが，幼児期は，「教師と一緒に飼育し，楽しむ」というスタンスで，無理をさせず，なにより動物への興味と愛情，弱いものを庇う気持ちを培うことを大事にする。<br>・動物への好奇心に答えていく(獣医師の活用)。<br>・子どもが動物を心配したとき，教師がそれをすぐにうけとり，専門的なことは獣医師に依頼して子どもの心配を収め，疑問に答えてもらう。<br>・獣医師の専門的な知識と技術は子どもたちに，大人の一つのモデルを示すことができるので，信頼関係の構築に努める。<br>・常に動物の様子や反応を見ながら，命を守るようにする。これは子どもへの観察と対応する力にもつながる。 |||||||

## 5 どのような動物が飼育できるのか

園の中でよく飼育されている動物を以下に挙げる。いずれも，子どもにとって身近で，温厚で，飼育しやすい動物であるので，参考にしてほしい。

表5-2　園で飼育可能な動物

| 哺乳類 | 鳥　類 | 魚　類 | 昆　虫 | 両生類 | 爬虫類 |
|---|---|---|---|---|---|
| 羊<br>山羊<br>ポニー<br>ウサギ<br>モルモット<br>ハムスター<br>ハツカネズミ | ニワトリ<br>ウズラ<br>カルガモ<br>アヒル<br>ハト<br>セキセイインコ<br>ジュウシマツ | 金魚<br>メダカ<br>コイ<br>フナ<br>熱帯魚<br>ザリガニ | カブトムシ<br>クワガタムシ<br>バッタ<br>カマキリ<br>コオロギ<br>スズムシ<br>ダンゴムシ<br>セミ<br>アオムシ | オタマジャクシ<br>カエル | カメ<br>トカゲ<br>ヘビ<br>ヤモリ |

### 飼育上の問題とは何か

#### ① 騒音

羊，山羊，ニワトリ，カモ，アヒル等の動物は，大きな鳴き声を出すことがある。都市部では，動物の鳴き声や糞尿のにおい等で近隣住民のかたからクレームが出ることがあるので，飼育小屋の周りを遮蔽したり，においが出ないよう毎日の清掃と消臭剤等を置いたりする工夫が必要である。また，日頃から地域住民のかたがたとのコミュニケーションを心がけ，理解を得ておくことも必要である。

#### ② 飼育コスト

動物の飼育に際して考慮すべき点として，飼育コストの問題が挙げられる。身体が大きくなれば，その分，餌代の負担も大きくなる。そのほかにも飼育小屋のメンテナンス，ワクチンの接種，定期健診，清掃用備品等，対象とする動物が大型になるほど飼育コストは大きくなっていくので，家庭からの餌，備品の持ち寄り等の工夫をしたり，比較的飼育コストがかからない小型の動物にするかどうかを検討する。

#### ③ 長期休暇中の飼育

長期休暇中の動物飼育は，たいてい園の教職員が世話をすることが多いようであるが，可能な限り子どもにも休暇中の動物の世話をさせるよ

# 第5章 領域「環境」の保育計画

うにしていきたいものである。それには，長い休暇中でもみんなで支えていかなくては動物が生きていけないことを確認し合うことが必要である。長期休暇中の飼育は当番活動として5・6歳児が担うことが一般的であるが，事前に子どもの了解を取ることで，無理に「やらされる」のではなく，必要感をもって動物飼育ができるであろう。

### ④ 飼育ができない動物

様々な動物飼育の中には，飼育することができない動物がいる。アライグマ，カミツキガメ等はその典型で，環境省が統括する特定外来生物法に定められた動物である。これらの動物は，ひじょうに繁殖力が高く，在来種を駆逐してしまう危険性があり，生態系の保護や農林水産業への被害防止のために指定された動物で，原則として輸入，譲渡，飼育，遺棄ができない。飼育に際しては，この法律に触れることのないように注意する必要がある。

### ⑤ アレルギーをもつ子ども

近年，猫やウサギ等，毛の長い動物に触れると発疹が出たりする子どもが見受けられるようになってきた。このような場合，飼育に参加をさせない，動物のそばに近寄らないよう子どもに言い聞かす等の配慮が必要となるが，可能な限り飼育に参加できるようにしたい。それには，直接，動物に触れるのではなく，近くで見守る，餌の下ごしらえをする，おがくずや干し草等を整えたりする等の役割を任せることで，動物に対する愛情や動物飼育の実感がもてるようにしたい。

### ⑥ 獣医との連携

動物の飼育は，食べ残しや排泄物を放置したり，無制限に繁殖をさせてしまったりするようなことではなく，現実の姿としての飼育を考えることであり，教師や子どもに足りない飼育の知識・技術を補うことができる連携が必要になる。動物にとって最もすみやすい快適な環境とは，餌はどんなものを与えるべきか，様子がおかしいので診てもらえないか等，日頃から相談に乗ってもらえる動物専門の相談窓口（動物園の飼育相談等）や地域の獣医と連携し，よきアドバイザーとして園との関わりづくりを構築することも大切である。

## 6 飼育例の紹介

### ① ウサギ，モルモット，ハムスター

　ウサギ，モルモット，ハムスター等は，園で飼育される動物の中で最もポピュラーな動物であり，性格的に温厚であり，身体が小型で飼育上の手間や餌代等の飼育コストも少なく，また比較的短命で生死を実感する機会も多い動物である。

　これらの動物は，暑さや湿気を嫌うので，風通しのよい場所に飼育小屋やケージを設置するようにし，常に掃除をしてきれいな状態にしておく必要がある。飼育ケージの大きさは45cm×60cm程度のもので，足を痛めないよう床にスノコを敷くようにするとよい。また，餌は草食動物なのでタンポポ，シロツメクサ，オオバコ等の野草から，キャベツ，ニンジン等の野菜，市販のペレット（ウサギ用の餌），ハムスターはヒマワリの種等を与えるとよい。数羽を一緒に飼うこともできるが，オスとメスを一緒にすると1回の出産で5～10匹程度の子どもを産んでしまうことがあるため，なるべく別々にして飼うとよい。

　ウサギ，モルモットを扱う際には，耳をつかんでもちあげたり，乱暴にしたり，落としたりしないこと。抱くときには，必ずゆっくりとなでながら背中とお尻をもって抱きかかえるようにもつことが大切である。ハムスターは，下からやさしくすくうようにして手に乗せるようにする。

### ② 羊，山羊，ポニー

　羊，山羊，ポニーは，大型動物になるので，飼育にはそれなりに手間がかかり，その命が終わるまでしっかりと世話をするといった覚悟が必要であり，途中で飼育をやめたりすることはできない。また，飼育にあたっては獣医との連携のもと，定期的な健康診断，予防接種，飼育上の相談等を行えるようにすることが大切になる。

　羊，山羊の特徴は，個体差があるものの比較的温順であること，草食で反芻（はんすう）（咀嚼（そしゃく）を繰り返す）する動物であること，飼育コストがかからないこと，長期間の飼育活動が可能であること，身体の大きさが子どもの身長に近く，同じ目線で見ることができること等が挙げられる。飼育環境としては，雨や湿気を嫌うので風通しのよい場所に小屋を設け，糞尿を

# 第5章 領域「環境」の保育計画

片づけ，清潔さを維持していくようにする。

ポニーは，神経質で臆病なところがあるが，とてもおとなしい動物である。ポニーを飼うにはしっかりと柵をつくってあげることが必要である。餌は市販の乾燥した牧草を固めたものを水と共に与える。ポニーもひじょうに湿気を嫌うので風雨をよけられる屋根のある飼育小屋に毎時，稲わら等を敷いて寝床をつくるようにするとポニーも喜ぶ。

羊，山羊，ポニーの飼育は，動物の気持ちを考えながら接することが大切で，言葉が通じない分，鳴き声，表情，しぐさ，行動等からコミュニケーションを図ることができる点で，学びの効果は大きいといえる。

### ③ ニワトリ

ニワトリは小柄で性格的にもおとなしく，飼育しやすいので，園や学校の飼育動物として好まれている。飼育は，1坪（たたみ2畳ほどの大きさ）あたりの面積に，おおよそ10羽程度といわれ，成長に合わせながら配合飼料を変え，水を合わせて与えるようにする。屋外での飼育は，風雨を避け，風通しをよくし，まめに糞尿を掃除することが大切である。糞尿は，そのまま肥料として野菜の栽培等に使用することができるので，循環型（動物の糞尿を発酵させ，土と混ぜ，堆肥にするもの）野菜栽培に活用することができる。また，ニワトリは「砂浴び」をするので，砂場を用意することや産卵用の箱を用意すること。何羽かのニワトリを1つの小屋で飼う場合は，オス1羽に対して，メス3羽程度にすると飼いやすい。

### ④ クワガタムシ，カブトムシ

季節的に飼育要求が高まるもので，人気のある飼育動物（昆虫）である。成虫の飼育には，市販の観賞用のケースや教員の手づくりによる飼育箱等に，落葉堆肥を厚めに敷き詰め，短い朽ち木等を入れ，定期的に霧吹き等で湿気を与えるようにする。餌はリンゴやスイカのほかに，水で薄めたハチミツを布に浸して朽ち木に置いたり，市販の昆虫ゼリー等を与えたりするとよい。また，糞尿で土も汚れるので，敷き詰めた腐葉土を定期的に入れ替えるようにする。

### ⑤ カマキリ，スズムシ

カマキリの飼育は，市販の観賞用ケースに落葉堆肥や腐葉土を敷き詰

め，朽ち木や葉のついた枝，木片等を入れ，隠れやすい場所をつくる。十分な水（布に水を浸したものを小さな皿に置く）に市販の餌を使うとよい。カマキリは，交尾期（8〜9月）が近づくとメスがオスを食べたりするので，メスとオスを分けたりしておくことも有効である。

　スズムシは，オスとメスを一緒に飼うことで長生きをさせるようにする。餌は十分な水とキュウリ，ナス等の水気の多い野菜や鰹節や煮干し等を与えるが，共に餌を切らさないようにする。このほか，リンゴ，ニンジンを与えるときれいな鳴き声になるといわれている。餌や水がなくなると「共食い」を始めてしまうので気をつけること。スズムシは隠れる場所が必要なので，園芸用の紙ポット等を使って「隠れ家」をつくり，定期的に替えることが大切である。

### ⑥ ミドリガメ

　カメにはニホンイシガメ，クサガメ，オサガメ，スッポン等の種類が存在するが，最も身近なものではミシシッピアカミミガメ（別名はミドリガメ。環境省で2015（平成27）年3月より「生態系被害防止外来種リスト」に入っているので注意が必要）が挙げられる。カメは変温動物なので，日光によって体温を上昇させるため，毎日30〜60分間程度は日光に当てるようにする。また，夏場はともかく，冬場にはヒーターをつけ，25〜28℃程度に水槽を温めると活動が活発になり，餌もよく食べるようになるが，気温が10℃以下になると冬眠に入る。その際は，落ち葉等を入れ，水槽全体を暗くし，温かくなる4月あたりまで冬眠させる。

　カメは雑食性なので，餌はミミズ，ミルワーム（飼料用の虫），煮干し，ハム，野菜や果物等を与えるとよい。飼育にあたっては，市販の水槽等にカメの甲羅の2〜3倍の水を入れ，大きめの石を入れ，半分が水場，半分が陸場という状態をつくるようにし，定期的に水を入れ替えるようにする。カメを扱う上での注意点は，カメの体にはサルモネラ菌が付着している場合があるので，触れた後に必ず「手洗い」をすることが必要である。

### ⑦ 金魚，メダカ，熱帯魚

　金魚，メダカ，熱帯魚は，子どもにとって身近な魚類であるので，飼育対象となることが多い。たいていは祭りの縁日等で購入し，そのまま飼育するというケースが多いようである。飼育に際しては，水槽の掃除を心がけ，常に水槽をきれいに保ち，水槽をよく観察し，魚に病気が出

## 第5章 領域「環境」の保育計画

ていないかを確認することが必要である。また金魚，メダカが産卵する場合に備え，水槽には水草をたくさん入れ，卵を産みつけやすいようにしておくとよい。熱帯魚の場合は，稚魚が生まれたら，成魚が食べてしまわないように別の水槽に移して飼育するとよい。餌はイトミミズや市販の金魚，メダカの餌でよく，1日2回程度与えるようにする。餌をやりすぎると水槽が汚れやすくなるので，様子を見ながら与えるようにする。魚の飼育は，一方的な関わりになりやすく，飼育を忘れてしまいがちになるので，保育者が定期的に子どもたちに声をかけ，魚に目を向けるように促していく必要がある。

## 第2節 人と植物との関わり

### 1 人と植物との関わり

日本人と植物との関わりは，有史以来，その姿を見て取ることができる。特に，生活文化においては，すべてにおいて関わりをもっている。先人たちは，日本の独特の地形をうまく利用して畑や田んぼをつくり，水路をつくり，耕作を行ってきた。このような農耕技術は，治水管理や里山管理，段々畑や棚田に代表される日本の原風景といわれる景観をつくり上げてきた。稲作を中心とした生活は，1年間のライフサイクルの中で農作業の効率化を図るための「協同体」を生み出し，「村社会」を形成してきた。そしてまた，人の生活圏と野山との境に位置づけられる里山は，生活燃料，堆肥，食糧，家具材料，染め物や加工材料等を生み出し，人と自然が限りなく調和した「共生の場」をつくり出してきた。

このように，我々の生活文化は，そのほとんどに植物との関わりがあり，その総体である自然との共生を主体にした生活文化を次の世代の子どもたちに引き継いでいくことが大切な課題になる。

### 2 植物が果たす役割とは

植物は人に対してどのような役割を果たすのであろうか。最も大きな役割に光合成があるが，そのほか，植物が果たす役割には以下のようなものがある。

## ① 栄養素としてのエネルギー供給

野菜や果物に含まれるアミノ酸，ビタミン，ミネラル，糖分，鉄分，ナトリウム，カリウム，カルシウム等は，人間の身体を構成する主要な栄養素であり，生命を維持するためのエネルギー要素として欠くことのできないものである。

## ② 生活資源としての役割

我々の生活の衣食住に関するものは，その多くが植物を加工してつくられたものである。衣類では木綿等が使われ，野菜や果物では色鮮やかで高品質で味のよいものが好まれ，建築素材には自然素材を生かした住宅が求められるようになった。また，近年ではロハス（LOHAS = Lifestyles of health and sustainability「健康と持続可能性ある生活様式」）やスローライフといった言葉に表されるように，自然回帰を趣向とする生活様式に植物は大きな役割を果たしている。

## ③ 薬用としての役割

古来より植物は薬草としても広く使用されてきた。医療が未発達な時代には薬草が中心的な役割を果たしていた。現代では漢方薬等を除き，薬草のもつ主成分を取り出して効力を凝縮させた，いわゆるサプリメントとしての利用が多くなった。代表的な薬草の活用例を以下に見る。
・アオキ……やけど，はれもの，できもの，ひび，あかぎれ
・青じそ……不眠症，神経痛，ノイローゼ，糖尿病
・ヨモギ……胃酸過多，胸やけ，便秘，鼻血，痔，血尿
・ドクダミ…便秘，おでき，吹出もの，皮膚のただれ

## ④ セラピーとしての役割

近年，園芸療法として植物による療育，治療が行われるようになってきた。園芸療法は，「園芸を手段として心身の状態を改善させること」であり，身体的，精神的によい状態をつくったり，失った機能を回復させたりするもので，心身の状態を改善させることが目的である。園芸療法には，以下に示すものがある。
・高齢者のリハビリテーション
・子どもたちのための園芸療法
・身体機能を回復するためのリハビリテーション
・学習障がい（LD = Learning Disability）者の職業訓練や生活訓練

# 第5章 領域「環境」の保育計画

・住民の生活の質的向上

　これらのうち,子どものための園芸療法の意味として次の3つがある。
・植物に触れることで五感を刺激し,感性を磨くこと
・植物を通じて知識や生活習慣を身に付けさせること
・共同作業を通じて仲間をつくること

### ⑤ 癒しとしての役割

　癒し(Healing)のための植物利用には,アロマ(香り)テラピーが挙げられる。アロマテラピーは,花や木等,植物に由来する芳香成分を用いて,心身の健康や美容を増進する技術,行為を表すもので,お香やフレグランス・キャンドル(芳香油が練り込まれたキャンドル)等,生活に植物の香りを取り入れてストレスを解消したり,心身のリラックスを求めたりするものである。そのほか,セージ,ゼラニウム,ベルガモット,レモングラス等では,抗うつ作用,ホルモン調整作用,食欲増進作用といった効能があり,単独または各種の組み合わせによって使われることが多い。

### ⑥ 観賞としての役割

　観賞用としての植物利用は,古来より菊,アサガオ,ホオズキ,ヒマワリ,シャクヤク,バラ,チューリップといった花卉(かき)類がよく知られるところである。最近では,ガーデニングの流行もあって,品種改良が進み,多種多様な花卉類が市場に出回るようになった。代表的なものには,ペチュニアやサフィニア,ツルバラ,モッコウバラ,ゼラニウム等が挙げられる。

　観葉植物では,室内装飾用のアレカヤシをはじめ,ユッカ,サンスペリア,ミリオンバンブー,モンステラ,ガジュマル,フィカスベンカレンシス,ベンジャミン,ドラセナ,ゴムの木,食虫植物等が代表的なものとして挙げられる。観葉植物は,おもに屋内での利用が多いが,緑のないところに緑をつくり,身近に自然を感じたり,リクラゼーション効果等を期待することができる。

### ⑦ 表現素材としての役割

　表現素材としての植物利用は,特に造形活動に必要な素材としてよく使われている。それには,次のようなものがある。
・綿素材(木綿糸,綿布,ハンカチ等)

・染料（アオキ，クズといった草木染め等）
・自然物（クヌギ，ミズナラ，シイノキ等の葉や種子，藤，クズのツル〈リース
　　　　等に使用〉，松ぼっくり，落花生，ピスタチオの表皮）
・ドライフラワー（生花を乾燥させたもの）
・押し花（パンジー他）

## 3 どのような力が子どもの身に付くのか

### ① 豊かな感覚や感性

　子どもは，五感を通じて新しい世界を知ろうとする。それは直接的に
目で見たり，音を聴いたり，においを嗅いだり，舌でなめたり，手で触
れたりすることで，周りの世界を感じ取り，理解しようとすることで，
五感を使った経験は，それだけ多くの感じ方ができることになり，豊か
な感性が身に付くことになるのである。したがって，子どもに豊かな感
覚や感性を身に付けさせるには，五感をフルに活用する活動を取り入れ
ていくことが大切になる。

### ② 生活力

　子どもが自然に関わる中でつくられていく力を「生活力」として考え
ると，身近な環境をどのようにつくり変えていくことができるかといっ
たことが挙げられよう。もし仮に，無人島に放り出されたとすると，た
いていは自らが置かれた状況を把握し，どのようにしたら生き延びるこ
とができるのか，その術を見いだそうとするはずである。ここに子ども
の生活力を見ることができるのである。こうした力を毎日の生活の中で
身に付けさせていくことが大切なのである。

### ③ 子どもの「科学性」

　子どもは毎日の生活の中で，様々な行動をとりながら遊びを展開して
いる。物をなめたり，たたいたり，振ってみたり，触ってみたりしなが
ら対象物からのリアクションを得て，物の概念やその扱い等を学習して
いる。こうした子どもの行為を「科学性」ととらえ，自然と関わる生活
の中で，観察する力，比べて観る力，物事の認識力，論理的な思考力等
の力が身に付いていくようにすることが大切なのである。

第5章 領域「環境」の保育計画

### ④ 持続可能な社会の構築をしていく力

　持続可能な社会とは，自然の資源の持続的な利用ができなければ人間生活も維持できないとする考えで，自然と共存しながら人間の生活が維持される社会を目指そうとするものである。1997年に定められた地球温暖化防止会議COP3におけるいわゆる京都議定書や，2002年のヨハネスブルグサミットにおける「持続可能な開発のための教育（Education for Sustainable Development ＝ ESD）」への取り組み等，世界的規模での自然の資源の持続的利用を可能にする社会への構築が求められるようになった。これらの背景には，化石燃料（石油）の枯渇や化石燃料に代わるクリーンなエネルギーの確保，二酸化炭素排出の制限等，自然環境に負荷を与えないようにすること，それが永続的に維持されていく社会の構築が，次の世代の子どもたちに求められるようになったことにある。

　幼児教育における環境教育として田尻らは，自然に親しむ保育における環境教育の視点として，以下のような内容を挙げている[3]。

> ①知的好奇心を満たし，深める
> ②生き物に親しみをもち関わり方を学ぶ
> ③命のめぐり，食べ物の旬，物質の循環を知る
> ④植物の特徴や変化，人との関わり，面白さ等に気づく
> ⑤命についての指導，危険な生き物についての対応の仕方は機会を逃さず行う

　また，保育における環境教育プログラム開発の留意点として，以下の内容も挙げている。

> ①保育活動の柔軟な活用ができること
> ②日本の身近な自然を活用すること
> ③日本の文化・伝統を伝えること
> ④継続的に取り組めること
> ⑤保育者の保育観や自然観が根底にあること

　幼児期からの環境教育は，決してむずかしいものではなく，身近な自然への関わり，特に日本の自然観，伝統，文化等を「伝えたいこと」として見直し，活動の中に位置づけていくことが求められていよう。

## 4 カリキュラムへの位置づけ

　1年を通していろいろな植物と触れ合うことができる園環境があることは，保育活動の展開にとって必要なことである。花であれば，いつ頃が見頃になるのか，野菜や果樹であれば，いつ頃が収穫時期で，いつ頃が食べどき（旬）なのかを知ることで，年間の栽培計画やそれを利用した保育活動の展開時期を計画することができるのである。

　以下には，園にて栽培可能なおもな植物の種類を挙げてみた。

表5-3　年間栽培計画

| 種類 | | 4 | 5 | 6 | 7 | 8 | 9 | 10 | 11 | 12 | 1 | 2 | 3 |
|---|---|---|---|---|---|---|---|---|---|---|---|---|---|
| 【花卉類】 | パンジー | | | | | 種まき | | | 開花 | | | | |
| | チューリップ | 開花 | | | | | 球根の植付け | | | | | | |
| | アジサイ | | 開花 | | | | 株の植付け | | | | | | |
| | アサガオ | | 種まき | | 開花 | | | | | | | | |
| | オシロイバナ | 種まき | | | | 開花 | | | | | | | |
| | マリーゴールド | 種まき | | 開花 | | | | | | | | | |
| 【果樹類】 | サクランボ | | | 収穫 | | | | 植付け | | | | | |
| | キウイフルーツ | | | | | | | 収穫 | | | 植付け | | |
| | ブルーベリー | | | 収穫 | | | 植付け | | | | | | |
| | カキ | | | | | | | 収穫 | 植付け | | | | |
| | ミカン | | | | | 植付け | | 収穫 | | | | | |
| | リンゴ | | | | | | | 収穫 | | 植付け | | | |
| 【野菜類】 | イチゴ | | 収穫 | | | | 植付け | | | | | | |
| | トマト | 植付け | | | 収穫 | | | | | | | | |
| | キュウリ | 植付け | | | 収穫 | | | | | | | | |
| | ジャガイモ | | | 収穫 | | | | | | | | 植付け | |
| | サツマイモ | | 植付け | | | | | 収穫 | | | | | |

## 5 植物の栽培とは，どのようなものか

### ① 「土づくり」

　植物の栽培に必要なことは，何といっても「土づくり」である。植物の生長に必要な土壌の栄養素（窒素，リン酸，カリウム）が十分に備わっていることが大切である。これらの栄養素を確保するには，油粕，鶏糞，牛糞等の天然素材を肥料として土に混ぜるのが一番で，微生物が肥料を分解するまでの2～3週間をおいてから，植物を植えるようにする。ま

た，最近では日曜大工センターや大型園芸店等で，あらかじめ栽培用につくられた専用土壌（草花，野菜用の土）が市販されているので，これらを使用することも効果的である。

### ② 栽培の実際

現在，植物栽培には，いろいろな方法がある。室内観賞用では，ガラス容器に丸い粒の形をした土やガラス玉を入れたもの，ペットボトルを半分に切って鉢の代わりにしたペットボトル栽培，土の代わりに水に溶かした肥料を使った水耕栽培，栽培に必要な一式をパッケージにした市販の栽培キット，ベランダや屋上等，限られた空間で栽培が可能な簡易容器（プランターや魚屋にある発泡スチロール製のトロ箱や木箱等）に培養土を入れたもの，花用，野菜用と区別された専用土壌を入れた袋での栽培，従来の陶器製の鉢に土を入れたものまで多種多様である。

また，野外での栽培においては，畑に畝をつくって，その上をビニールシートで覆うマルチ栽培が一般的だが，今日では狭小空間でも栽培可能な簡易容器に培養土を入れたものや，専用土壌を入れた袋栽培，水に肥料を溶かして育てる水耕栽培等が一般化している。なかには，ビニールシートを敷いて園庭に水田をつくって稲を栽培しているところもあるようであるが，子どもと共に育てる姿勢をもって栽培を行うことが大切である。その際，「子どもにはできない」と考え，多くの作業工程を保

育者や保護者に任せてしまうのではなく，何ができるのか，どうしたらできるのかを考えることが大切である。3歳であれば収穫を，4歳であれば種まき，雑草取り，収穫，片づけ等を，5歳であれば種まき，間引き（不要な株を除くこと），雑草取り，収穫，調理等を，担当すべき仕事と責任を与え，野菜を育てている実感をもたせることが大切である。

### ③「労作」のススメ

昨今の子どもの育ちには，「苦労して，物をつくり出す」といった姿を見ることが少なくなったように思われる。以前の社会では，家族が共に協力し合い，汗を流し，物をつくり出すといった生活が身近に存在していた。子どもは親の仕事や家事の手伝いをすることで，社会参加意識や自己の存在を実感していた。子どもにとって，親や保育者から「お手伝い」や「お仕事」を託されることは，むずかしさや緊張感があり，そ

れを乗り越えたところに存在する満足感，達成感が子どもを育てていくことになると考えるのである。保育者が子どもに託す「お手伝い」や「お仕事」は，苦労して物をつくり出す経験であり，園生活の中にこうした体験があることが必要なのである。これからの社会を生き抜くためには，あえて苦労を背負い，そこから新しい力を得ること，労作としての「知行合一」「難行苦行」といった経験をもつことが求められているのではないだろうか。

## 6 活動例の紹介

### ① 自然のビンゴ

園庭や園外保育に出かけたとき等に行うと楽しい遊びである。遊び方は，6〜8人程度の子どもが集まって1つのグループをつくり，ビンゴゲームの要領で，その場に存在する特徴的なもの（幹が太くて大きい木，特徴的な葉で触るとツルツルしている，おもしろい標識や看板がある等）を描いた絵を渡し，その絵に描

かれているものと同じものをグループの仲間と協力し合って探していくというゲームである。絵に描かれているものをすべて見つけた時点で終わりになる。このゲームでは，子ども同士がお互いに協力し合って，描かれている絵を見つけていかなくてはならないので，子ども自身の集中力，行動力，観察眼といった力が養われることになり，その分，充実感や満足感も得られる遊びである。

この遊びの注意点は，保育者があらかじめ，その場にある特徴的なもの，子どもの興味関心がそそられるもの等を絵に描き出すという準備をしなければならないこと。また，広い場所ゆえに子どもが迷子になったりしないように，周囲の安全確保や周辺の医療施設等についての十分な情報収集や下見をすることが必要になる。

### ② 科学的な遊び

植物を使ったものとして，アジサイの特性をうまく利用したものがある。1, 2枚の葉がついたアジサイの花を2本程度用意し，1つを酢が入った水に，もう1つを灰汁（あく）の入った水に浸しておく。赤い花は青色に，青い花は赤色に花の色が変化する。これは，アジサイが土壌の状態によって変化する特性を利用したもので，酸性になると青色に，アルカリ性に

# 第5章 領域「環境」の保育計画

なると赤色に変化する性質を再現しているのである。園庭や花壇に，あるいは鉢植えのアジサイがあれば，その花を使って花色の変化を試すことができる。採ったときには赤色であった花が青色に，青色だった花が赤色に変化することに，「なぜ？　どうして？」といった疑問が湧き起こり，子どもの好奇心が助長されていくことになる。

### ③ 落ち葉の利用やリースづくり

　秋になれば落葉樹の落ち葉を使っていろいろなものをつくることができる。イチョウ，ケヤキ，桜，ナラ，クヌギ，モミジ，ドウダンツツジ等，都会の街中であってもたくさんの落葉樹を目にすることができるので，天気のよい日には積極的に子どもを連れて園外に出て，公園や街路樹等の紅葉で色づいた葉を集める「落ち葉拾い」の活動を行うとよい。黄緑色，黄色，赤色，オレンジ色，赤茶色等，落葉樹の自然な色合いは，人工的につくれるものではない。だからこそ，美しい，きれいな，本物の色合いを見ることができるので，これらを集め，同じ形の葉を一つ一つ，40cm程度の長さの紙テープに貼りつけ，それを保育室内や廊下空間の装飾として貼りつけていくと，様々な色のグラデーションや感覚的な秋の色合いを感じることができる。

　また，藤やクズ等のツル性植物のツルを利用してリースをつくることができる。藤やクズは手軽に入手が可能な植物で，藤はよく砂場の上部のパーゴラ等に植えられていたり，クズは河川敷や道路脇等に生

えていたりするので，秋になって茎が硬化すると「リースづくり」に最適な状態になる。円形にできる長さにツルを切り取り，細い針金等でツルを束ね，それを下地にヒイラギや松ぼっくり，赤い木の実や緑のリボン等をつけていくとリースができる。職員室，保育室，多目的室等に飾るとがらりと雰囲気が変わるので，いつもとは違った保育空間をつくることができる。

### ④ 保育室の装飾

　保育室内の装飾では，登園の際に子どもが摘んできてくれた花やご家庭からもってきてくれた生花等を飾ることが常であるが，その他の装飾としてドライフラワー，落ち葉，ドングリ，木の実等の自然物を使ったオブジェ，水栽培用のクロッカス，ヒヤシンス等が挙げられる。

ドライフラワーでは，カーネーション，スイートピー，バラ，カスミソウ，アジサイ，ヒマワリ，スターチス，ナデシコ，千日草等が入手しやすい花として使うことができる。季節にもよるが，3～4週間程度で乾燥するので，廊下，エントランス，保育室等に飾るとよい。

落ち葉，ドングリ，木の実等の自然物を使ったオブジェでは，園外保育で拾い集めた落ち葉，ドングリ，木の実等を30cm程度の大きさのベニヤ板に麻布を貼りつけたものに，自然物を貼りつける。子どもは自らのイメージに従って自然物を貼りつけていく。自然のままの素材を使用したオブジェなので，ナチュラルな色合いが楽しめる。

水栽培では，クロッカス，ヒヤシンスが代表的で，比較的容易に栽培が可能である。クロッカス，ヒヤシンス共に球根であり，形がきれいで，重いものを選ぶのがコツで，10月下旬～11月中旬に容器に球根の底が触れる程度に水を入れ，黒い画用紙の筒で容器を覆う。そして，根が3分の2程度伸びたところで紙を外し，水の量も半分程度に減らしていくとよく花が咲く。においも空間全体に広がるので，子どもの五感にもよい刺激になる。

## ⑤ ビオトープ

ビオトープは，ギリシャ語の"BIOS（生命，命）"と"TOPOS（場所）"を合成してつくられたドイツ語で，もともとは『自然の状態で多様な動植物が生息する環境の最小単位』のことだが，『人間の生活圏にある多様性を感じさせる自然』というニュアンスで使われることが一般的である。そうした場所を人工的につくることが『ビオトープづくり』[4]であり，近年では，このビオトープを園庭や屋上等につくる園が増えてきている。これらビオトープは，自然の生態系をその場に再現し，そこでの姿を観察，体験しようとするもので，何より子どもたちが日常的にこのビオトープに関わることができ，そこでの学びが得られることが必要なのである。子どもにとってビオトープは，最も身近な自然であり，そこでの活動が自由なものとして保障されていることが大切なのである。

## ⑥ バタフライガーデン

バタフライガーデンとは，チョウの食草や吸蜜源となる植物があり，羽を休めるための低木等がある場所のこと。近年，注目を浴びるようになってきており，設置する園や小学校が増えている。基本的な考えはビオトープと同様で，自然の生態系を花壇に再現し，その姿を観察，体験

# 第5章 領域「環境」の保育計画

しようとするものである。バタフライガーデンには,幼虫が食べる食草,すなわちチョウの幼虫が食べる決まった植物(葉の部分)を用意すること。成虫としてのチョウの蜜源(蜜を吸うための植物)となる2種類の植物を植えること。背の高い草や低木等,チョウが羽を休める場所をつくる等の必要があるが,春と秋に様々な種類のチョウの姿を見ることができる。バタフライガーデンは,できる限り子どもが毎日通る場所,見つけやすい場所につくり,チョウを発見できるようにするとよく,幼虫からチョウになるまでの姿やアゲハ,キタテハ,アカタテハ,モンシロチョウ等の数種のチョウを見ることができる。

### ⑦ 屋上・壁面緑化

屋上・壁面の緑化は,ヒートアイランド現象(都市部の高温化を示す言葉)の軽減や自然志向,節電等の理由から,学校を含む多くの自治体で活用されている。緑化にはおもにアイビー,ツタ,ゴーヤ,ヘチマ,フウセンカズラ,アサガオ等のツル性植物がよく使われ,建物の壁を被覆し,夏の直射日光を遮り,壁の蓄熱量を抑える役目を担っている。また,屋上の緑化には,おもにセダム,常緑キリンソウ,メキシコマンネングサ,コケ等のグラウンドカバー(被覆植物)が使われ,直射日光を遮り,屋上の蓄熱量を抑える役割を担っている。

壁面,屋上ともにコストや管理の面で助成を受けることができるので,設置する園や学校や自治体等が増えている。学校では壁面や屋上の緑化のほかに,園庭や校庭の芝生化等も行われるようになってきており,特に芝生化は感触,景観,蓄熱防止等の効果から施工する園や学校が増えている。最近では芝生の品種改良が進み,従来よりもメンテナンスや管理コストも軽減できるようになってきたので,施工される機会も増えているようである。園庭,校庭の緑化は,これからの園や学校の景観をつくるツールとして期待されている。

**第3節 数量との関わり**

## 1 子どもにとって数量とはどのようなものか

　子どもは，誕生と共に人間としての生活が始まる。その生活の中では，本人の意思にかかわらず，おのずと数に触れながら生活をしている。

　授乳の際，親は子どもがミルクをどのくらい飲んだのか，飲んだミルクの量を数値に置き換えて食事の程度を推し測っている。また，子どもを風呂に入れたとき，「1，2，3……」と数を唱え，身体を温める行為は，ほとんど無意識に行っていることが多い。しかしながら，その行為は，無意識のうちに子どもに数を教えることになっている。多くの子どもは自身の生活の中で，自らが意識するしないにかかわらず，数に触れながら生活をしているのであり，生活の中から「数」の扱いを学んでいる。

　多くの子どもは，自らの生活の中で数を表す言葉，すなわち「数詞」を使って生活している。誕生日にケーキを切り分けたりするときに「1つ，2つ，3つ」と数えたり，「かくれんぼ」をするときに「1，2，3……もういいかい？」と言ったりすること等，「数詞」としての言葉を使っているのである。それはまた，「数詞」の順序に従って数を唱えること，すなわち「数唱」も行っているのである。「数詞」「数唱」には，1つの数が1つの物に対応していること，つまり1対1の対応を理解していること，1の次は2，2の次は3と数の大きさに従って順序が決まっていることを理解していることが大切なのである。

　さらに，子どもの生活の中には，物のまとまりを表す「集合数」や数の順序を表す「順序数」がある。「集合数」とは，「ミカンが5つある」というときの5という数字が，ミカンの数を数えていったときの最後の数であり，まとまりを表す「集合数」になること。そして，5という数が集合の全体を表すものになるということを意味している。「順序数」とは，初めから「何番目」であるかを示すもので，自分の位置や並び順等の，いわゆる「順番」を示すものである。「集合数」や「順序数」は，子どもの生活の中に分類や秩序をつくり出すものにもなっている。

　ところで，幼児の生活の中には「量」を表す言葉も存在する。量というのは，牛乳やお茶，ジュースといった液体のもの，粘土や積み木といったもの，線の長さの長短を表すもの等，連続的に大きさが変化するものを表すもので，ミカンやリンゴといった個体を取り出して，その多少を

## 第5章 領域「環境」の保育計画

比較するようなことはできないのである。私たちは，ものの集まりの多少を判断するには，牛乳やお茶のように連続した量を表す連続量と，ミカンやリンゴのように分離した量を表す分離量があり，連続量のことを「量」と呼び，分離量のことを「数」と呼んでいる。そして，この2つを合わせて「数量」と呼んでいるのである。

　子どもの数量に対する感覚は，日常の生活の中で培われていく。それは，たとえば粘土がたくさんある，私のほうが背が高い，こっちのほうが重いといったように，生活の中で数量に関心を寄せた関わりをもっている。そして，その多くは自らの感覚器官を使って理解をしようとしているのである。しかし，一方で幼児の数量のとらえ方は，極めて直観的，感覚的であり，数量をきちんと数値化してとらえているわけではない。幼児の様子を見ていくと，バケツに適量の水を入れたものを，違うバケツに移し変えると，中の水の量も変わってしまうといった理解の仕方が見られたりする。形が違っていても中の水の量は変わらないという事実を理解できるようになるまでには，自らの感覚器官を使った，多くの生活経験の蓄積が必要になるのである。

### 2 幼児が数量を理解することで得られる効果とは何か

　幼児の生活の中には，長さ，広さ，分量，高さ，重さ等，数量として表すことができるものが数多く存在している。数量は，数値化することが可能であるので，客観的に表すことができるものである。

　幼児にとって，数量を数値化してとらえられるようになることは，「ケーキを1個，ちょうだい」といったように，ほしいものを得やすくすること，「たくさんのミカンがあれば，みんなが食べられる」といったように，相手に自らの要求を伝えることができるようになること等，自らの生活の"自由度"が広がっていくことなのである。幼児は，自らの生活の中で数量を使って表すことができるようになると，今までとは違った世界があることを覚えていく。そして，その連続性の中に数量認識の発達が期待されるのである。

　したがって，幼児に対する数量の指導を行う場合は，目や耳や手といった幼児のもつ感覚器官を十分に使った数量の理解，すなわち，物の大小，多少等を理解できるようにしたり，形や色等，似たもの同士を集めたり，物の量を比較したり，簡単な測定をさせたりしながら，感覚器官の発達を促していく指導が大切になるのである。

132

## 3 カリキュラムへの位置づけ

　数量に関する保育実践を考えるとき，大まかな子どもの発達と数量に
おける発達の姿をとらえておく必要があろう。以下には，各年齢におけ
る大まかな発達の姿と数量に関する発達の姿を挙げてみた。これにより，
どの年齢の，どの時期に，どのような指導を考えたらよいかの参考にし
てもらいたい。

表5-4　大まかな子どもの発達と数量に関する発達

| 年齢 | 大まかな子どもの発達 | 数量に関する発達 |
|---|---|---|
| 0歳 | ・四肢を活発に動かす<br>・知っている人に笑いかける<br>・つかまり立ち，つたい歩きができるようになる | ・見たものに手を伸ばし，手にとったもので遊ぶ<br>・小さいものを指先でつまむ<br>・喃語と意味が結びつく |
| 1歳 | ・2足歩行ができる<br>・自我が芽生え，徐々に言葉を話すようになる<br>・道具を使って遊ぶ | ・感覚的直観的に数の増減を意識することができる<br>・外の世界を知ろうとする<br>・目的をもって働きかける |
| 2歳 | ・自分の身体を自分で動かすことに喜びをもつ<br>・何でも自分でやりたがる，身の周りのものに触れたがる<br>・「見立て」の世界が広がる | ・大きいー小さい，多いー少ない，長いー短い，きれいー汚い等の対比的認識が発達する<br>・言葉の中に形容詞が増える<br>・物と物の関係が分かる |
| 3歳 | ・自分の身体を自分の意思で調節できるようになる<br>・「考える力」や「ごっこ遊び」ができるようになる<br>・集団の中で自分の存在を考えられるようになる | ・長いー短い，高いー低い，男ー女等の対比的な力がつく<br>・同じもの，異なるものの集まり（集合）が分かる<br>・1：1の対応が分かる<br>・数の系列が分かるようになる |
| 4歳 | ・身体や行動，感情の自己コントロールができる<br>・イメージの広がりや様々な表現をすることを楽しむ<br>・他者への関わりやルールのある集団の遊びができる | ・速いー遅い，太いー細い等の対比や時刻及び立方体，直方体，円柱等の形が分かる<br>・1～5程度の数を読むことや加法，減法ができるようになる<br>・数詞，数唱等ができる |
| 5歳 | ・キャッチボール，木登り等，身体全身の制御が上手になる<br>・手指操作の巧緻性，協応性が高まる<br>・個人の自律や集団の中での協同的な遊びが可能になり，ものに対する概念化も進む | ・時間，空間の認識やものの原理，法則等も理解できる<br>・1～10までの数の指導（数唱，計数，数字を書く）ができる<br>・お金（1，5，10，100円程度）のやりとりができる<br>・図形の組み立てや構成ができる |

# 第5章 領域「環境」の保育計画

## 4 様々な活動の展開

### ① 子どもとの関わりに見られる数量を表す言葉

#### ● 授乳や離乳のときに交わされる言葉

　授乳から離乳，流動食から固形食へと変化する食生活の中で，親が我が子にかける言葉には，「いっぱい飲もうね」，「もうちょっと飲めるかな？」，「たくさん食べようね」，「全部，食べられたね」等が挙げられる。これらの言葉は，親が意識するとしないにかかわらず，数量を示す言葉として使われている（傍点部分）。何気ない言葉の中にも数量を表す言葉があり，生活の中で自然に使われることによって，子どもの意識の中に数量に対する感覚をつくっていくことになる。

#### ● お風呂の中で数える言葉

　日常の生活の中で数量を表す言葉として挙げられるのが，おそらく多くの家庭で行われているであろう「お風呂の中での数え」である。
　親が我が子に対して，お風呂の中でよく温まろうとして「1，2，3，4……さあ出ようね」とかけるあの言葉である。生まれて間もない子どもには数量の理解を期待することはできないが，親子の間で交わされる穏やかな関わりが，やがて数量の理解につながっていく。

#### ● 日常の生活の中で交わされる言葉

　大人が子どもと関わるとき，数量に関わる様々な言葉が交わされる。特に，言葉の発達と数量の理解は密接に関係しており，言葉が獲得されていくプロセスにおいて，数量の理解及び数量を表す言葉も獲得されていく。たとえば，大人の「ママはどこ？」といった問いに対して，2本の指をかざして「2歳！」と答えた子どもがいたとする。この場合，内容にかかわらず子どもが「2歳！」と答えていることを考えると，この段階では，まだ数量を理解した答えにはなっていないことが分かる。
　一方，大人が「いくつですか？」と子どもに問うとき，指を2本出して「2歳！」と答える子どもがいたとすると，この場合は，何を問われているのか，どのように答えたらよいのかが理解された上での返答ということができる。おそらく親が2歳になった子どもに「あなたは2歳よ」といった言葉をかけており，「いくつ？」の問いに「2歳！」と答えることを覚えたものと考えることができる。いずれの場合も，子どもの発達の姿である。

また，おやつや食事の場面でよく見られる「もっと，（おやつ）ちょーだい」「（お水，お茶）ちょーだい」といった言葉は，自分の食べたい食事量や飲みたい水分量を表すものであり，それによって与えられる食事量や水分量が，自分の摂取できる量になっていく。ある程度の満足感が得られると「もういらない」「おなかいっぱい」といった言葉になって表されていく。このようなことが，子どもの中に数量に対する感覚をつくることになっていくのである。

## ② 園生活の中の数量を表す言葉
### ● もち物をしまう
　家庭を離れ，園という場所に通う子どもたちは，園の中での生活の仕方を学ばなくてはならない。登園と同時に，自分の靴をしまい，上履きに履き替え，保育室に入り，お便り帳を出し，コップ，タオル，鞄，着替え等をあらかじめ決められた場所に置いていく。このとき，子どもは自分のもち物を決められた場所にしまうことになり，1つの物を1つの場所にしまい込む，1：1の対応を行うことになる。通常こうした対応はシールや名札を利用することが多く，自分のもち物は「リンゴの絵がある名前が書いてあるところに入れる」といったことで自分の場所を覚えていく。園においては，自分のもち物がある分，こうした対応を覚えていくことが必要になるのである。一度この対応が理解できると，次は容易に覚えることができるようになり，仲間の場所も覚えてしまうようになる。物と場所が1：1の対応になっていることを理解することができれば，1つの物が1つの数に対応していることも容易に理解できるようになり，数詞，数唱が可能になる。

### ● どれくらい？
　この言葉には，長さ，広さ，量，高さ，重さの意味が含まれている。子どもにとって，これらのことは，数値化された単位ではなく，極めて身近なもの，感覚的なものとして理解される。長さであれば，髪の毛であったり，綱引きの綱の長さであったり，広さであれば，自分の部屋の広さであったり，園のホールの広さであったり，量であればコップやバケツに入った水であったり，牛乳やジュースであったりする。いずれも，自身の生活の中で感覚的にとらえられるものが基準になっていることが多い。その感覚的基準に照らしながら，長い－短い，広い－狭い，多い－少ない，高い－低い，重い－軽い等の数量を推し測っているのである。

# 第5章 領域「環境」の保育計画

　園生活の中でこのような数量的な感覚を養うためには，様々なものに触れられる機会をつくること，子どもの自由な遊びを保障することが大切で，ときに形や色等，似たものを集めたり，あるものとあるものの量を比較したり，簡単な測定をしたりすることを奨励し，感覚器官の発達を図るようにすることが必要になるのである。

### ③ 園生活における数量の理解を促す遊び
● 歌

『郵便屋さん』（縄跳びの際に歌う歌）
ゆうびんやさん
おはいんなさい
ひろってあげましょ
1枚，2枚，3枚……（跳べるだけ数える）

『おおなみこなみ』（縄跳びの際に歌う歌）
おおなみ，こなみ
おまわし，こまわし，100まわし
アメリカ，イギリス，ヨーロッパ（跳んでいた縄を足で挟んで止める）

● 積み木

　三角，四角，長方形，正方形等，いろいろな形の組み合わせをつくることによって，イメージしたものを形に表すことができる。積み木には，どのような形を，どのように組み合わせたらイメージどおりのものがつくれるのか，子ども自身が様々な試行を繰り返すプロセスの中に，高い－低い，広い－狭い等の空間構成力やいくつ積み木が必要か，その数を数える数唱，1つの積み木が1つの形をつくる対応，同じ形をした積み木を集める集合，大小の積み木の大きさによる比較等の数量に対する認識が期待できる。子どもの身体の半分程度の大型のものから，大人の手のひらに収まる程度の小型なものまで，いろいろな大きさの積み木があるが，園にはひととおりの大きさの積み木をそろえておくことが望ましいであろう。

● 粘土

　粘土には，小麦粉，紙，泥，油等，様々な種類があるが，用途によって使用する粘土を選ぶことが大切である。年齢が低ければ比較的扱いや

すい小麦粉粘土が，また色をつけたり，固める等の加工を加えるならば紙粘土が，協同で大きな作品をつくるような場合は，足して加えられる泥粘土が適当になろう。その上で粘土は，ちぎる，丸める，伸ばす，加える等の指先の感覚はもちろん，どれほどの量を，どれほどの長さで，どれほど加えるか等，数量に対する感覚を養うことができる。

　年齢の大きい子どもには，「半分」や「半分の半分」等，長さに対する具体的な説明を加えたり，形を変形させてもその量は変わらないといった数量の保存や感覚を身に付けさせていくことが大切である。

● 砂場

　子どもにとって砂場は，いろいろな"試し"ができる一番自由な場所であり，砂山づくり，トンネルづくり，落とし穴づくり，棒倒し，水流し，カップ等での型抜き，泥だんごづくり等，様々な遊びを行うことができる"パラダイス"といった場所である。これらの遊びのほとんどに数量に対する関わりを見ることができる。せっせと穴を掘って，水を加えてみたり，砂を加えたり，減らしてみたり，同じ大きさや同じ形をそろえてみたりする行動のすべてに数量に対する感覚が働いており，それが徐々に洗練され，よりよいものをつくろうとする姿がうかがえるのである。

● 色水つくり

　子どもにとって色水つくりは，きれいな色をつくり出すことがもっぱらの目的となり，どんなもの（素材）を使ったらきれいな色が出るのかを探すことから色水つくりが始められる。多くはオシロイバナ，アサガオ等，花を絞ったときに出てくる花色色素の強いものを使うが，水溶性の筆記具（マーカー）等も水に溶けやすく，色水をつくることができる。色水つくりは，どれくらい水を加えたらキレイな色が出るのかといった水分量や水が多いと色は薄くなり，少ないと色は濃くなるといった色の変化，あるいは，つくった色水を小さなコップに分け，それをまた大きなコップに戻すといったプロセスの中で，コップの形が変わっても色水の量は変わらないという「量の保存の概念」を知ることができる。色水つくりは，色をつくるだけでなく，様々なとらえ方ができるのである。

# 第5章 領域「環境」の保育計画

● 『猛獣狩りに行こうよ』

　この遊びは，歌（以下参照）に合わせて，指示された人数を集めてグループをつくっていくもので，人数が集められなかった人は，その時点で終わりになっていくというものである。何人の人を集めるかは，そのときの歌い手によって決められていくので，歌をよく聞くこと。何人の人が必要になるのかその場で考えること。集まった数を確認し，すぐに座って待つという一連の動作ができることが求められる。肝心なことは，歌い手が示す動物の名前が，集めるべき人の人数に対応していることを知ること，そこに数量の感覚を養うコツがある。

猛獣狩りに行こうよ（猛獣狩りに行こうよ）
怖くなんてないもん（怖くなんてないもん）
槍（やり）だってもってるもん（槍だってもってるもん）
鉄砲だってもってるもん（鉄砲だってもってるもん）
あっ（あっ）指をどこかに向けて指す
「ク，マ」（と言ったら2人集めて座る）
「コ，ア，ラ」（と言ったら3人集めて座る）
「ラ，イ，オ，ン」（といったら4人集めて座る）

名前が長い動物を挙げると，たくさんの人を集めることができる。
たとえば，「シ，ロ，ナ，ガ，ス，ク，ジ，ラ＝8人」等。
集められなかった人は，ここで終わり。
最後まで残った人たちが「狩りの勇者」となる。

● 縄跳び

　縄跳びは，年齢の低い子どもほど大きい縄を使って跳ぶところから始めていくと，よく跳べるようになる。リズムよく身体を動かすことができるようになると，一定のリズムで長く跳び続けることができるようになる。この場合，自分で縄を回すことより，保育者に縄を回してもらいながら，歌の数が増すごとに一人ずつ縄の中に入って跳んでいくようにする。その際，縄に引っかかったりしたものはアウトとなり，縄を抜けてい

くというのもある。大縄跳びは，一定の数を数えながら，リズムをもっ
て縄を跳べるようになることが大切で，それが数量の感覚を身に付けさ
せることにつながっていく。先に紹介した『ゆうびんやさん』『おおな
みこなみ』等は，その一例である。

## ● 玉入れ

　運動会等でよく行われる「玉入れ」も，数量の感覚を身に付けるため
には必要なものである。「玉入れ」は，玉を入れることはもちろんであ
るが，どのくらいの玉を入れられたのか，どちらが勝ったのか。あるいは，
赤白どちらの箱に玉をまとめたらよいのかといったことを学び取らせる
には最適な教材である。1つの玉が1つの数に対応していること，同じ
色のものを集めて（集合にして）箱に入れること等，数量の感覚を得る
ところが大きい。

　「玉入れ」のポイントは，赤い玉は赤いかごに入れること，「やめ」の
合図でピタッとやめられること，玉が入りすぎないように気を付けるこ
と，多くの玉が入っていたほうが勝ちとなること，赤いかごに白い玉が
入っていたら数えない等のルールをしっかりと取り決めておくことであ
る。ルールを確認することは，いつまでも玉を入れ続けたり，入った玉
の数が多すぎて，数えている間に子どもが飽きてしまったり，勝敗のバ
ランスをとる（赤組，白組が双方，都合よく勝つように操作すること）ために
数をごまかすようなことをなくす意味でも必要なことである。また，子
どもの対象年齢に合わせ，籠の高さを調節できるようにしたり，入れす
ぎ防止のために外から中身がよく見えるよう網目が大きいものにしたり
する工夫も必要である。いずれにせよ，子どもにとって「玉入れ」が楽
しいものになるようにすることが大切である。

## ● お店屋さんごっこ

　お店屋さんごっこは，地域との関わり，造形表現，模擬的経済活動，
協同的な活動といったように，様々な活動の要素を含んだ総合的な遊び
である。活動の展開には，できる限り地域の中の商店街やスーパーに出
向き，実際に保育者が物の売り買いの姿を見せたり，自分たちで物を買っ
たりしながら，具体的なお店のイメージをもたせていくことが大切であ
る。実際にお店のイメージがもてたところで，どのようなお店にしたい
のか子どもたちと決めながら，お店の具体化を図っていく。その際，お
金のやりとりも一連のプロセスの中で学習することができる。

# 第5章 領域「環境」の保育計画

　年齢の低い子どもが行う際には,お金ではなく,好きな絵を描いた「チケット交換」や「物々交換」,あるいは「なし」であっても一向にさしつかえないが,年齢が高い子どもの場合は,遊びにリアリティーを求めようとするので,お金の存在は必要なものとなってくる。このとき,ワンコインで使えるようにすべて同じ金額にし,お釣りがいらないようにしたり,10,50,100,500円までの単位をつくり,加減法を含めたやりとりができるようにしたりするやり方があるが,どちらを選ぶかは子どもに決めさせるようにする。100円をもらって50円のものを買ったら,50円のお釣りが必要ということは,数量の感覚を養う上でかなり有効

なものとなる。しかし,金額が増えてくると,お金のやりとり自体に混乱を招くことになるので,極力避けるほうがよいかもしれない(場合によっては可能になることもあるので,どこまでの金額を扱うのかは子どもに決めさせるとよい)。注意すべき点は,あくまでも,お店をつくって遊ぶことであり,自らの気持ちの中に自信や満足感,達成感がもてるようにしていくことが大切である。

## 第4節 園と地域社会との関わり

### 1 園が果たす地域社会への役割とは

　園が果たす社会への役割とはどのようなものであろうか。幼稚園,保育所,子ども園等の存在は,幼稚園教育要領や保育所保育指針に示されるように,今や幼児を保育するだけの施設ではなく,地域社会に密着し,地域社会全体で子どもの育ちを支える基幹施設としての役割をもっている。地域社会における幼児教育施設は,これまで以上に存在意義が大きくなっているといえよう。

　では,保育者はどのようにして園,家庭,地域社会との連携を創出したらよいのであろうか。その要素として挙げられることは,子どもたちの住んでいる生活圏には,どのような地域資源(利用可能な施設)があるのかを把握することである。地域の中に存在する施設の中でも,特に子どもの生活に関係する施設といえば,電車,バス,病院,幼稚園,保育所,小学校,各種店舗,商店街,コンビニ,スーパー,モール(大型総合店舗),

公園，レジャー施設等が挙げられる。これらは，子どもの生活圏の中に存在する施設であり，毎日見聞きしているものでもある。したがって，地域社会との連携を考える上では，子どもが住んでいる地域には，どのような施設があるのかを把握することが必要になる。

　また，保育者が地域資源の活用を考えるとき，「そこで何ができるか」をイメージできることが大切である。「この場所であったら，こんなことができる」といったことや「今の子どもたちにぜひ，このようなことを体験させてあげたい」等，そのときどきの子どもの興味や関心を拾い上げ，活動をつくり上げていく力，すなわちコーディネート力をもつことが大切なのである。たとえば，大きな公園や広場，河川敷等，園内では到底及ばないような大きな敷地がある場所を保育の場として活用しようとするとき，その場所をどのように使ったら充実した遊びが展開できるのか。荷物をどこに置いたらよいのか，トイレはあるのか，子どもが集まれる目印はあるのかといったことや簡易トイレ，タオル，着替え，救急箱，拡声器，無線機等，その場に必要となるものは何か。万が一ケガや事故が起きてしまったとき，管理事務所や案内所，近くの病院はどこか，どこに搬送されることになるのかといったこと等を保育活動として組み立てていく力が必要になるのである。

　さらに，地域の資源の中には，古くから親しまれた伝統文化がある。桜祭り，七夕，盆踊り，奉納，収穫を祝う祭り，芋煮会，餅つき，年始会等，長年にわたってその地域に親しまれてきた催しもの，祭事が存在している。誰しも自らの記憶をたどっていくと，幼い頃の思い出を顧みることができるであろう。なかでも，夏休みの思い出といえば，地域の「子ども会」が主催するラジオ体操であったり，キュウリ，スイカ，カブトムシ，クワガタムシ，セミ，トンボ，浴衣，盆踊り，金魚すくい，綿菓子，蚊取り線香のにおいといったこと等が浮かぶ。そこには両親，兄弟姉妹，親戚の人々や地域の人の存在もある。幼き日の体験の多くは，自らの生活圏，すなわち家庭を含めた地域の中でつくられたものが多い。こうした体験は，親から子へ，子からまた子へと伝承されることが多く，子どもの意識の中に「ふるさと」という意識をつくり上げるものにもなる。

　このように，子どもと地域との関わりは，地域資源の活用のみならず，幼き日の思い出，心の拠り所というべき「ふるさと」意識をつくることになる。それゆえに，地域との関わりを重視した活動が必要になるのである。

第5章 領域「環境」の保育計画

## 2 カリキュラムへの位置づけ

地域社会との関わりを重視したカリキュラムをどのようにつくるべきか。以下には，カリキュラムの編成に必要な要素を挙げてみる。

### ① 保育活動における地域の位置づけ

地域社会との関わりの中で培われる子どもの育ちは明らかに大きく，積極的な地域社会との関わりを考えるならば，園舎園庭から離れ，地域資源を活用した保育活動を創出する必要があろう。年間の保育活動を考える際には，可能な限り地域資源を活用した保育活動が創出されることを期待したい。

### ② 地域観

園が存在する地域にはどのようなものがあるのかを把握していく必要がある。地域特有の祭事や特産物の有無，「町おこし」事業等，地域をあげて取り組んでいるイベント，子どもがよく利用する公園，プール，駅，河川敷の運動場，おしゃれな店が立ち並ぶ街の景観，ガーデニングによって飾られた街並み等，どこに，何があるのかを把握し，必要とあらばそれをうまく活用していくことが大切である。

### ③ 季節的象徴

地域資源の中には，季節によって内容が変わるものがある。1年の中で展開される祭事はその典型で，節分，ひな祭り，節句，七夕，お盆といったものから奉納祭，収穫祭，鎮魂祭といった祭事やお花見，アジサイ祭り，紅葉狩り，森林浴，落ち葉やドングリ拾いといった，季節の変化に合わせた催事も数多く存在する。したがって，子どもの活動を考える際には，その時期，季節に合った活動を選択し，どこに行けば，どのような活動ができるのか，どうすれば子どもの印象により長く，深く残る体験をつくり出せるのかを考えていくことが必要である。

### ④ 子どもの興味関心

何といっても保育の活動は，子どもの興味関心，意欲に支えられていることが前提である。その時期に子どもが一番，興味関心をもっていることを保育の活動の柱にしていかなくてはならない。子どもが抱く思いをしっかりととらえ，どのようにしたらその思いに応えることができる

のかを考えることが大切である。そのためには，保育者が子どもの"今"をしっかりと観ること，また保育者自身が童心に帰って"子どもが楽しいと思うところ"を理解することが必要である。

### ⑤ 子どもに身に付けさせたいこと

どこに行けば，どんなことが身に付くのか，その場所に行くことで子どもの身に付く力のイメージをもつことも大切になる。保育の活動には意味があり，それをすることによって，子どもにどんな力が身に付くのかということを考えなくてはならない。たとえば，「歩き方」「場の使い方」「社会参加意識」「ふるさとに対する意識」「公共のマナー」等，地域社会との関わりの中で，子どもにどのような力を身に付けさせることができるのか，各々の活動を展開する際にしっかりと吟味をすることが大切である。駅や郵便局，消防署等，園外保育に出かけることが多い施設も，ただ行って見て，説明を聞いたら帰るということではなく，必要に応じて子どもたちと共に，その施設が地域の中でどんな役割を果たしているのか，自分の生活の中でどれだけ重要な役割をもっているのか等，その施設の存在意義や役割を考える機会をもつことも大切である。

### ⑥ カリキュラムの位置づけ

地域との関わりの活動が，本当に子どもにとって意味のあるものとしてとらえることができる場合は，それをきちんとカリキュラムとして全体計画の中に位置づけていくことが必要である。

たとえば，「お店屋さんごっこ」等の活動を考える場合，子どもたちが口にするイメージをもとに活動を組み立てていく方法もあるが，実際に商店街を見て歩き，「お店」に対するリアルなイメージをつくっていく方法もある。こうして行った活動が，その時期の子どもたちに最適な活動となった場合，その年齢の，その時期に必要なカリキュラムとしての位置づけが可能になる。先に，その時期の子どもたちに最適なカリキュラムがある場合は，どちらが子どもにとって最適な活動なのかを吟味し，必要ならばカリキュラムを"書き換える"ことも有効である。形式的なものにとらわれず，柔軟に活動を考えていくことが，最適な保育を提供することになるのではないかと考える。

# 第5章 領域「環境」の保育計画

## 3 地域社会への関わりの展開例

### ① 清掃活動（ごみ拾い）

子どもと地域との関わりを考えるとき，ぜひ実践していきたいと思うものがこの清掃活動である。園周辺の草取りや落ち葉掃き，園庭の花壇の草取り，廊下やテラス等の清掃はもちろんのこと，地域の中によく出かけていく場所があれば，その場所も清掃活動の対象と考えたい。公園，緑地，駅，路上等，およそ「自分たちが遊ぶ場所は，自分たちでキレイにしよう」という意識を身に付けられるようにすることが必要である。「やってもらう」ことではなく，「自分たちでできること」を実践していくことが大切で，子どもの意識の中に，少しでも「自分も社会に役に立っている」という実感をもたせるようにしたい。

### ② 園外保育

園外保育は日常的に行う散歩から，いわゆる「遠足」までの内容を含むものであるが，風薫る5月や紅葉が始まる10月等は季節的に絶好の園外保育日和であるので，積極的に園外での保育を行うとよい。保育室を離れ，おやつやお弁当をもって外に出かけることは，それだけで"特別な日"であり，楽しい気持ちになれる。仲間と共に歌を歌いながら歩いたり，木漏れ日の下で絵本や紙芝居を見たり，広い芝生のあるグランドを走り回ったりすることは，子どもにとって何よりの楽しみである。園の近隣にある公園や畑，おしゃれなお店，ガーデニングがきれいな家，おとぎ話に出てきそうな家等，見学対象になる場所を探し，「お散歩マップ」をつくったりするとより楽しいものになる。子どもたちの「また，行きたい」という言葉は，充実した1日を過ごせた証であろう。ぜひ，こうした保育を創出したいものである。

### ③ ゴルフ場での「そり遊び」

公園，緑地，河川敷，博物館，公民館，レジャー施設等，地域の中に存在する施設の中には，定期的に施設開放や催しものを行うことがある。そうした催しの中では，ふだん立ち入ることができない場所や特別

に閲覧できるような場所等を利用することができるので、園周辺の施設に関する情報は定期的にチェックしておき、そこでどのような活動ができるかを視野に入れておきながら、地域への開放が告知されたとき、保育活動として利用できるようにしておくとよい。ここに紹介するゴルフ場での「そり遊び」は、比較的利用者の少ない冬季のゴルフ場で開放があったとき、たまたま降雪と重なって利用することができた例である。

④ **木工作による「船流し」**

　地域の資源の活用例として「船流し」がある。子どもたちが木工作にて製作した「船」(のこぎり、トンカチ、釘等を使用して木片をつなぎ合わせたもの)を隣接する多摩川で流して遊ぶという活動である。造形活動ではつくって終わるだけでなく、つくったもので遊ぶことまでを一連の活動と考え、実際に「船」を流しに出かけたものである。活動に際しては、子どもの膝下程度の水深であること、比較的流れが緩やかな場所であること、川の中に入った際、流心部に行かぬよう保護者に見てもらう等の配慮が必要であるが、地域の資源を無駄にせず、積極的に活用することを考えたい。

⑤ **「お店屋さんごっこ」**

　保育活動の中でも多くの園で行われている活動がこの「お店屋さんごっこ」であろう。この活動は、子どもの感性や社会性を培うものとしては最適な、総合的活動としてとらえることができる。紙や粘土、描画(びょうが)等を駆使した造形活動のほか、物々交換や紙でつくったコインでのやりとり、仲間との買い物といった経済活動から人間関係に至る様々な活動を構成することができる。地域との関わりを生かした活動にするためには、「お店屋さんごっこ」の活動に先立って、実際に地域の商店街やコンビニエンスストア、スーパー、街の卸売市場等に行き、商品の売り買いを直接体験したりすると「お店屋さんごっこ」の活動もより具体的に、より多様なものになっていく。「これはこういうふうに飾りたい、ここにはこれがあったほうがいい」等、細かい部分にもこだわりが見られた

第5章 領域「環境」の保育計画

りするので，その分，子どもたちの気持ちにも充実感や満足感を得ることができる。また，地域のかたがたとのつながりも，こうした機会に得られることが多い。園で買い物に出る機会等があると「また来たの？ありがとね」「今度はお母さんと一緒に来てね」「どこの園だい？」といった具合に，声をかけてくれることが多くあり，その呼びかけに答えようとする子どもの態度に自信が見えるようになる。このような地域の人々との交流も期待できることが「お店屋さんごっこ」の醍醐味であろう。

⑥ ホタル観賞

最近では，都会でもホタルが観賞できるようになってきた。その背景には自然保護や自然回帰志向，ホタルの養殖技術の進歩等が挙げられる。いつの時代にあってもホタルは夏を代表する昆虫であり，地域の中でホタルの観賞ができる場所があれば，積極的に活用すべきである。しかし，ホタルの観賞は夕方から夜にかけての観賞となるので，活動に当たっては，「特別保育」等として保護者の協力を得ながら実施することになるため，事前に園の趣旨をよく理解してもらうことが必要になる。また，ホタルに限らず，カブトムシやクワガタ，セミ取り等，夏休みの特別企画として児童館，デパート，あるいは，親子ふれあい教室，野外体験学習，自然観察教室といった催しものも多数，開催されたりするので，このような機会に，親子で参加できるよう「園便り」等を使って地域の催しものを広報することも大切である。

⑦ 水族館や動物園

水族館や動物園の利点は，非日常の世界に浸ることができる点にあり，希少性が高く，めったに見られない魚や動物を保護したり，パノラミックな水槽や大型の観賞窓を設ける等，魚や動物がより本来的な姿で過ごせるように配慮した環境につくり変えてみたり，各施設の独自性が目立つようになってきた。これら施設の利用にあたっては，それぞれの施設の独自性と子どもの興味や関心及び保育者の意図等を考慮して選択，実施していく必要があろう。また，これら施設の利用後は，子どもがどんなことを感じたのか，どんなことが印象に残ったのか，どんなことをしたらよいのか等について，共に考える機会をもつことが大切である。

⑧ 車，バス，電車等の乗り物

車，バス，電車といった乗り物は，子どもにとって最も身近なもので

ある。これらの乗り物は子どもの生活の一部であり、移動の際には、いずれかの乗り物を使って移動をしている。それゆえに、子どもの興味や関心の対象となることが多く、いわゆる「車好き」「電車好き」な子どもが出るほどである。地域との関わりにおいては、公共の交通機関としての電車、バス等の乗り物に乗車する体験をもつことも必要である。集団での行動が取れるようになる3歳後半あたりを目安に、地域の公共交通機関を利用する園外保育等を設定し、乗り物に乗って出かける体験をつくりたい。

### ⑨ 消防署、警察署、駅

園外保育では、消防署、警察、駅といった公共の施設を見学する機会が多い。地域社会の中に存在するこれらの公共施設は、自分たちの生活を支えてくれるもの、守ってくれるものとしての理解を得るために見学に出ることが多い。こうした施設を見学する際は、単に広報担当者の話を聞くだけではなく、許される範囲で実際に使用しているものを見せてもらったり、触らせてもらったりするとよい。また、子どもたち同士で各施設の必要感について話し合う機会をつくり、見学に出ることができれば、子どもの興味や関心が増幅され、見学現場での質疑応答も充実したものになる。

### ⑩ 老人ホームとの交流

老人ホーム施設との関わりは、子どもにとって身近ではないおじいさん、おばあさんと関わることになるので、すぐにできるものではないが、定期的に子どもが施設を訪問するうちに、しだいに関わりがもてるようになってくる。それは施設にいるおじいさん、おばあさんも同じで、当初は互いに遠慮がちであるが、慣れてくると歌、トランプ、描画、貼り絵、折り紙等のほか、共に食事をとる等、お互いができる遊びをしながら、しだいに会話が増え、関わりが深まっていく。「名前はなんていうの？」「今、何歳？」「ウチのおばあちゃんはねぇ……」といった子どもたちの会話が聞こえてくると、対するおじいさん、おばあさんも「昔はこうした歌をよく歌ったんだよ」「私は花が好きでねえ……」「また遊びに来てね」等の会話も増えてくる。園に戻って子どもたちに感想を聞いてみると、「身体が動かせないと言っていたけど、一緒に遊んでくれた」「車椅

# 第5章 領域「環境」の保育計画

子って重たい」「絵がすごく上手だった」「いろいろなお話を教えてくれた」等，印象に残ったことを話してくれる。こうした関わりに，世代を超えた文化の伝達を見ることができるのである。

### ⑪ 知的障がい者施設との関わり

知的障がい者施設との関わりにおいて園ができることは，施設のニーズに少しでも応えていくこと，園が媒介となって地域の中に存在する障がい者及び施設の存在を広く知らしめることである。そのためには，自分たちが住んでいる地域の中には，障がいをもったかたがおり，施設を通して共に生活をしているという事実を伝えていくこと，そして，園が施設の活動に参加したり，施設を利用するようにしていくことが必要になる。

最近では，施設の側も「開かれた施設」「地域に貢献しよう」としているので，園と施設の双方で需要をつくり出すことが期待されている。

その具体例として，家族が飲んだビールの空き缶や家庭から出るペットボトル等を園で集め，子どもたちの手で直接それを施設に運び，利用者がそれを受けて加工，賃金を得るといった流れをつくったり，施設が主催する「お祭り」等に参加したり，草むしりや清掃等の軽作業を定期的に依頼する等がある。ぜひとも，このような関わりが増えていくことを期待したい。

## 4 公共のマナーを考える

園外保育等，園の外に出かけたとき，保育者がとる公共の場を意識した行動が子どもに大きな影響を与える。公共の場では，お互いが気持ちよく，その場を使うためには何をしたらよいかを考えなくてはならない。踏切や歩道で，歩行する人の邪魔にならないよう道の端を歩いたり，あとから来た人に道を譲る際には，「すみません，お先にどうぞ」「ありがとうございました」等の声をかけていく等の配慮があると，互いに気持ちよく行き交うことができる。このほか，建物の出入り口に固まらない，乗車中は騒がず静かにする，勝手に動き回ったりしない等の姿勢を示していくことが大切である。公共の場では，どのようなことが他人の迷惑となるのか，どのような振る舞いをしたらよいのか等を学ぶ機会になるので，保育者が率先して「振る舞うべき姿」を見せていくことが必要になる。

## 5 環境保全という視点

21世紀の教育課題は，持続可能な開発のための教育（ESD）であるといわれている。ESDにおいては，地球環境，自然環境を保全しながら，同時に，我々の生活が継続的持続的に成立する社会の構築が課題になっている。それには，学校教育において，また家庭の中の教育において，人と自然の社会的な関わりについて学ぶ機会をつくることが必要になる。ここでは特に，園や家庭の中で子どもができる自然環境の保全について，以下のような取り組みを挙げる。

① 料理は食べられる量をつくり，なるべく余りを出さない。
② ごみを出さないように，扱うものを少なくする。
③ ごみを分別する。
④ 木製の積み木等，長く使えるものを使う。
⑤ 衣類や道具類等，使わなくなったものをすぐに捨てたりしない。
⑥ 再生，再利用が可能なものを使う。
⑦ コンポストによる堆肥化と野菜の栽培等。
⑧ 水道，電気等，極力，使用頻度を減らす。
⑨ 遠出をせず，なるべく近場で買い物をする。
⑩ おやつは包装が少ないもの，シンプルなものを選ぶ。
⑪ シャンプー，洗剤，石けん等は自然素材でできたものを使う。
⑫ ペーパーレスを徹底し，紙くずを出さないようにする。
⑬ 両面コピーを心がけ，枚数を減らす。
⑭ NPO団体等に募金をしてみる。
⑮ 割り箸ではなく，自分の箸をもつ。
⑯ サッカーボール等，フェアトレード製品（公平な取引による製品）を使う。

これらはすべて園や家庭の中で実践可能なもので，生活の中の無駄を省き，自然環境に負荷がかからないようにすることである。保育者，親が子どもに対して，「こうすれば無駄なく，快適に生活することができる」ということを伝えていくことになり，それはまた結果として，永続的持続的に自然環境を維持することにつながっていくことを生活の中で学ぶことになるのである。今後の大きな課題として，このような環境保全への取り組みが大切になるのである。

# 第5章 領域「環境」の保育計画

① 動物飼育を考えるとき，飼育対象とする動物を例に挙げ，どのような関わり方ができるかを考えよう。

② 子どもが遊んで楽しいと思える園庭の具体的な場所を図に表し，「園庭マップ」をつくろう。

③ 幼児を取り囲む生活の中で，数量に対する感覚を養うためにはどのような環境を設定したらよいか考えよう。

④ 自分が住んでいる地域の中で，どこで，どのような遊びができるかを考えよう。

## 引用文献

1 石田戢ほか『日本の動物観——人と動物の関係史』東京大学出版会，2013 年，216 頁
2 中川美穂子「幼稚園での一例：動物飼育活動活用教育の年間の流れ」http://www.vets.ne.jp/~school/pets/3~5age.pdf，2012 年
3 田尻由美子・無藤隆編著『保育内容　子どもと環境——基本と実践事例　第二版』同文書院，2010 年，47 頁
4 井上美智子ほか編著『むすんでみよう子どもと自然——保育現場での環境教育実践ガイド』北大路書房，2010 年，70 頁

## 参考図書

◎ 石田戢ほか『日本の動物観——人と動物の関係史』東京大学出版会，2013 年
◎ 出原大『自然＊植物あそび一年中　毎日の保育で豊かな自然体験！』学研教育出版，2010 年
◎ 井上美智子ほか編著『むすんでみよう子どもと自然——保育現場での環境教育実践ガイド』北大路書房，2010 年
◎ J. ヴォークレール『乳幼児の発達　運動・知覚・認知』明和政子・鈴木光太郎訳，新曜社，2012 年
◎ NPO 法人緑のカーテン応援団編著『緑のカーテンの育て方・楽しみ方』創森社，2009 年
◎ 榎沢良彦・入江礼子編『保育内容環境　第 2 版』建帛社，2009 年
◎ 大澤力『幼児の環境教育論』文化書房博文社，2011 年
◎ 小原國芳『全人教育論』玉川大学出版部，1969 年
◎ 小泉昭男『自然と遊ぼう　園庭大改造——命の営みを感じられる園庭に』ひとなる書房，2011 年
◎ 高山直秀編，人獣共通感染症勉強会著『子どもと育てる飼育動物——学校での動物飼育ガイド』メディカ出版，2001 年
◎ 谷田貝公昭監修，嶋﨑博嗣ほか編著『（新・保育内容シリーズ３）環境』一藝社，2010 年
◎ 全国学校飼育動物研究会編著『学校・園での動物飼育の成果——心・いのち・脳を育む』緑書房，2006 年
◎ 田尻由美子・無藤隆編著「保育内容子どもと環境——基本と実践事例　第二版』同文書院，2010 年
◎ 鳥越晧之・帯谷博明編『（やわらかアカデミズム・わかるシリーズ）　よくわかる環境社会学』ミネルヴァ書房，2009 年
◎ 中沢和子『幼児の数と量の教育』国土社，1981 年
◎ 中沢和子『幼児の科学教育　新版』国土社，1986 年
◎ 中沢和子・丸山良平『保育内容　環境の探究』相川書房，1998 年
◎ 日置光久ほか編著『（NATURE　GAME　BOOKS 先生のための実践書シリーズ）子どもと自然とネイチャーゲーム——保育と授業に活かす自然体験』社団法人日本ネイチャーゲーム協会，2012 年
◎ ペオ・エクベリ，聡子・エクベリ監修『うちエコ入門——環境先進国スウェーデン出身ペオさん夫婦をお手本に』宝島社，2007 年
◎ 松原達哉『実用保育選書6　幼児の算数——数・量・図形・空間の指導』ひかりのくに，1975 年
◎ 高杉自子・森上史朗監修，森上史朗・戌喜久獲恵編著『演習保育講座8　保育内容　環境』光正館，1999 年
◎ 山田辰美編著『ビオトープ教育入門——子どもが変わる学校が変わる地域が変わる』農山漁村文化協会，1999 年
◎ 山内昭道『（シリーズ・教育を開く㉒）幼児からの環境教育——豊かな感性と知性を育てる自然教育』明治図書出版，1994 年

# 第6章 領域「環境」の デザイン＝環境構成

　リビングのインテリアをデザインするときに，いくつかの条件が必要である。まず，その部屋の住人がどのような快適さを求めているかということ，日常生活上の条件・制約，さらにデザイナーのスキル，最後に顧客の満足度（コストパフォーマンス）などである。視点を変えて，このことを保育活動の具体的な状況設定すなわち環境構成をデザインするととらえてみる。最も大きなくくりは，どのような幼児教育を展開するのか，次に幼児教育の質を保証する活動の枠組み（領域「環境」というくくり），さらに各幼稚園・保育所のデザイナーの思い，最後に子どもたちの成長にとってふさわしい環境構成であったかどうかの振り返りということになる。この章では，領域「環境」は，義務教育に続くいくつかの教科学習の基礎，基本となるねらい・内容が読み取れることも踏まえて，幼小連携を視野に入れ，環境構成をデザインする＝そうすることによってもたらされる成長が，よりよく達成されるための工夫＝という視点で解説する。

## 第1節 「環境構成」のデザインを決める基本コンセプト

### 1 幼児教育の基本に関わる枠組み

　ある制約（枠組み）の中で最も目的を達成するのに有効な素材・アイディアの組み合わせを考えることがデザインである。これを保育活動に当てはめて考えると，「どのような目標をもって保育にあたるか」という目的として，幼稚園教育要領や保育所保育指針が大枠としてある。保育に関わる2つの総則を概観すると，時代が要求するキーワードを見いだすことができる。この枠組みは，時代と共に改訂が加えられている。

〈幼稚園教育要領〉（平成30年4月1日施行）
第1章　総則
第1　幼稚園教育の基本
1　幼児は安定した情緒の下で自己を十分に発揮することにより発達に必要な体験を得ていくものであることを考慮して，幼児の主体的な活動を促し，幼児期にふさわしい生活が展開されるようにすること。
2　幼児の自発的な活動としての遊びは，心身の調和のとれた発達の基礎を培う重要な学習であることを考慮して，遊びを通しての指導を中心として第2章に示すねらいが総合的に達成されるようにすること。

153

# 第6章 領域「環境」のデザイン＝環境構成

> 3 幼児の発達は，心身の諸側面が相互に関連し合い，多様な経過をたどって成し遂げられていくものであること，また，幼児の生活経験がそれぞれ異なることなどを考慮して，幼児一人一人の特性に応じ，発達の課題に即した指導を行うようにすること。
>
> （一部抜粋）

〈保育所保育指針〉（平成30年4月1日施行）
※子どもは豊かに伸びていく可能性をその内に秘めている。その子どもが，現在を最もよく生き，望ましい未来をつくり出す力の基礎を培うことが保育の目標である。
このため，保育は次の諸事項を目指して行う（筆者）。

第1章 総則
1 保育所保育に関する基本原則 (2)保育の目標
(ア) 十分に養護の行き届いた環境の下に，くつろいだ雰囲気の中で子どもの様々な欲求を満たし，生命の保持及び情緒の安定を図ること。
(イ) 健康，安全など生活に必要な基本的な習慣や態度を養い，心身の健康の基礎を培うこと。
(ウ) 人との関わりの中で，人に対する愛情と信頼感，そして人権を大切にする心を育てるとともに，自主，自立及び協調の態度を養い，道徳性の芽生えを培うこと。
(エ) 生命，自然及び社会の事象についての興味や関心を育て，それらに対する豊かな心情や思考力の芽生えを培うこと。
(オ) 生活の中で，言葉への興味や関心を育て，話したり，聞いたり，相手の話を理解しようとするなど，言葉の豊かさを養うこと。
(カ) 様々な体験を通して，豊かな感性や表現力を育み，創造性の芽生えを培うこと。

（一部抜粋）

〈就学前の子どもに関する教育，保育等の総合的な提供の推進に関する法律の一部を改正する法律〉（平成18年制定，平成24年改正）
第1章 総則（目的）
第1条 この法律は，幼児期の教育及び保育が生涯にわたる人格形成の基礎を培う重要なものであること並びに我が国における急速な少子化の進行並びに家庭及び地域を取り巻く環境の変化に伴い小学校就学前の子どもの教育及び保育に対する需要が多様なものとなっていることに鑑み，地域における創意工夫を生かしつつ，小学校就学前の子どもに対する教育及び保育並びに保護者に対する子育て支援の総合的な提供を推進するための措置を講じ，もって地域において子どもが健やかに育成される環境の整備に資することを目的とする。

（一部抜粋）

　　上記の総則から「環境構成」を考えるキーワードとして，
・もともと子どもがもっている豊かに伸びてゆく可能性を，それにふさわしい生活の展開によって生かす。

・安定した情緒のもとで心身の調和のとれた発達を促す。

・一人ひとりの特性に応じ，多様な経過をたどる発達の課題に即した指導。

・自然や社会の事象について興味関心を高める。

・豊かな感性，創造性の芽生えを培う。

・就学前の教育という位置づけ。

を挙げることができる。これらが第1の方向性である。

## 2 保育活動を進めるための枠組み

　子どもたちの日常生活の中に，領域「環境」のねらいや内容は満ちあふれている。子どもたちの遊びが展開して，あるストーリーとして発展していく節目節目に，領域「環境」との接点がみられる。保育活動を行う上で「ねらい及び内容」という枠組みを，総合的にデザインする「環境構成」が求められることが分かる。

　子どもを取り巻く保育環境を設定するには，物理的な広さ，リスク面の管理，すべり台やブランコ等の遊具や砂場等の活動場所の設置等，公的機関として備えるべき道具立ての基準もある（設置基準　資料参照）。加えて，領域「環境」に重きをおいた施設，たとえば池であったり，栽培用の畑であったり，絵本等の文字情報に触れることのできる場所であったりが用意されることも多い。

　幼稚園教育要領の領域「環境」で示されている枠組みは以下である。

---

環境
　周囲の様々な環境に好奇心や探究心をもって関わり，それらを生活に取り入れていこうとする力を養う。
1　ねらい
　⑴　身近な環境に親しみ，自然と触れ合う中で様々な事象に興味や関心をもつ。
　⑵　身近な環境に自分から関わり，発見を楽しんだり，考えたりし，それを生活に取り入れようとする。
　⑶　身近な事象を見たり，考えたり，扱ったりする中で，物の性質や数量，文字などに対する感覚を豊かにする。
2　内容
　⑴　自然に触れて生活し，その大きさ，美しさ，不思議さなどに気付く。
　⑵　生活の中で，様々な物に触れ，その性質や仕組みに興味や関心をもつ。
　⑶　季節により自然や人間の生活に変化のあることに気付く。
　⑷　自然などの身近な事象に関心をもち，取り入れて遊ぶ。
　⑸　身近な動植物に親しみをもって接し，生命の尊さに気付き，いたわったり，大切にしたりする。

---

# 第6章 領域「環境」のデザイン＝環境構成

　　(6)　日常生活の中で，我が国や地域社会における様々な文化や伝統に親しむ。
　　(7)　身近な物を大切にする。
　　(8)　身近な物や遊具に興味をもって関わり，自分なりに比べたり，関連づけたりしながら考えたり，試したりして工夫して遊ぶ。
　　(9)　日常生活の中で数量や図形などに関心をもつ。
　　(10)　日常生活の中で簡単な標識や文字などに関心をもつ。
　　(11)　生活に関係の深い情報や施設などに興味や関心をもつ。
　　(12)　幼稚園内外の行事において国旗に親しむ。
　3　内容の取扱い
　　　上記の取扱いに当たっては，次の事項に留意する必要がある。
　　(1)　幼児が，遊びの中で周囲の環境とかかわり，次第に周囲の世界に好奇心を抱き，その意味や操作の仕方に関心をもち，物事の法則性に気付き，自分なりに考えることができるようになる過程を大切にすること。また，他の幼児の考えなどに触れて新しい考えを生み出す喜びや楽しさを味わい，自分の考えをよりよいものにしようとする気持ちが育つようにすること。
　　(2)　幼児期において自然のもつ意味は大きく，自然の大きさ，美しさ，不思議さなどに直接触れる体験を通して，幼児の心が安らぎ，豊かな感情，好奇心，思考力，表現力の基礎が培われることを踏まえ，幼児が自然との関わりを深めることができるよう工夫すること。
　　(3)　身近な事象や動植物に対する感動を伝え合い，共感し合うことなどを通して自分から関わろうとする意欲を育てるとともに，様々な関わり方を通してそれらに対する親しみや畏敬の念，生命を大切にする気持ち，公共心，探究心などが養われるようにすること。
　　(4)　文化や伝統に親しむ際には，正月や節句など我が国の伝統的な行事，国歌，唱歌，わらべうたや我が国の伝統的な遊びに親しんだり，異なる文化に触れる活動に親しんだりすることを通じて，社会とのつながりの意識や国際理解の意識の芽生えなどが養われるようにすること。
　　(5)　数量や文字などに関しては，日常生活の中で幼児自身の必要感に基づく体験を大切にし，数量や文字などに関する興味や関心，感覚が養われるようにすること。

　保育所保育指針の第2章「保育の内容」で示されている枠組みは以下である。

　3　3歳以上児の保育に関するねらい及び内容
　　(2)　ねらい及び内容
　ウ　環境
　　　周囲の様々な環境に好奇心や探究心をもって関わり，それらを生活に取り入れていこうとする力を養う。
　　(ア)　ねらい
　　(1)　身近な環境に親しみ，自然と触れ合う中で様々な事象に興味や関心を持つ。
　　(2)　身近な環境に自分から関わり，発見を楽しんだり，考えたりし，それを生活に取り入れようとする。
　　(3)　身近な事象を見たり，考えたり，扱ったりする中で，物の性質や数量，文字などに対する感覚を豊かにする。

(ｲ) 内容
(1) 自然に触れて生活し，その大きさ，美しさ，不思議さなどに気付く。
(2) 生活の中で，様々な物に触れ，その性質や仕組みに興味や関心をもつ。
(3) 季節により自然や人間の生活に変化のあることに気付く。
(4) 自然などの身近な事象に関心をもち，取り入れて遊ぶ。
(5) 身近な動植物に親しみをもって接し，生命の尊さに気付き，いたわったり，大切にしたりする。
(6) 日常生活の中で，我が国や地域社会における様々な文化や伝統に親しむ。
(7) 身近な物を大切にする。
(8) 身近な物や遊具に興味をもって関わり，自分なりに比べたり，関連付けたりしながら考えたり，試したりして工夫して遊ぶ。
(9) 日常生活の中で数量や図形などに関心をもつ。
(10) 日常生活の中で簡単な標識や文字などに関心をもつ。

(一部抜粋)

〈幼保連携型認定こども園教育・保育要領〉（平成 26 年 4 月 30 日）
環境
　　周囲の様々な環境に好奇心や探究心を持ってかかわり，それらを生活に取り入れていこうとする力を養う。
1　ねらい
(1) 身近な環境に親しみ，自然と触れ合う中で様々な事象に興味や関心を持つ。
(2) 身近な環境に自分からかかわり，発見を楽しんだり，考えたりし，それを生活に取り入れようとする。
(3) 身近な事象を見たり，考えたり，扱ったりする中で，物の性質や数量，文字などに対する感覚を豊かにする。
2　内容
(1) 自然に触れて生活し，その大きさ，美しさ，不思議さなどに気付く。
(2) 生活の中で，様々な物に触れ，その性質や仕組みに興味や関心を持つ。
(3) 季節により自然や人間の生活に変化のあることに気付く。
(4) 自然などの身近な事象に関心を持ち，取り入れて遊ぶ。
(5) 身近な動植物に親しみを持って接し，生命の尊さに気付き，いたわったり，大切にしたりする。
(6) 身近な物を大切にする。
(7) 身近な物や遊具に興味を持ってかかわり，考えたり，試したりして工夫して遊ぶ。
(8) 日常生活の中で数量や図形などに関心を持つ。
(9) 日常生活の中で簡単な標識や文字などに関心を持つ。
(10) 生活に関係の深い情報や施設などに興味や関心を持つ。
(11) 幼保連携型認定こども園内外の行事において国旗に親しむ。
3　内容の取扱い
　　上記の取扱いに当たっては，次の事項に留意する必要がある。
(1) 園児が，遊びの中で周囲の環境とかかわり，次第に周囲の世界に好奇心を抱き，その意味や操作の仕方に関心を持ち，物事の法則性に気付き，自分なりに考えることができるようになる過程を大切にすること。特に，他の園児の考えなどに触れ，新しい考えを生み出す喜びや楽しさを味わい，自ら考えようとする気持ちが育つようにすること。

## 第6章 領域「環境」のデザイン＝環境構成

> (2) 乳幼児期において自然の持つ意味は大きく，自然の大きさ，美しさ，不思議さなどに直接触れる体験を通して，園児の心が安らぎ，豊かな感情，好奇心，思考力，表現力の基礎が培われることを踏まえ，園児が自然とのかかわりを深めることができるよう工夫をすること。
> (3) 身近な事象や動植物に対する感動を伝え合い，共感し合うことなどを通して自分からかかわろうとする意欲を育てるとともに，様々なかかわり方を通してそれらに対する親しみや畏敬の念，生命を大切にする気持ち，公共心，探究心などが養われるようにすること。
> (4) 数量や文字などに関しては，日常生活の中で園児自身の必要感に基づく体験を大切にし，数量や文字などに関する興味や関心，感覚が養われるようにすること。

　上記3つの教育要領，保育指針，教育・保育要領等の領域「環境」から読み取れる事柄は以下であり，この枠組みに沿った環境設定＝保育のデザインが求められている。
・遊びの中で自然に触れる物としていろいろな素材が用意されていること。
・安心して子ども自身が自己発揮できる場が用意されていること。
・文字や数量，自然現象等，子どもの関わりとして必然性がある状況が用意されていること。
・遊びや経験を通してその時期やこれからの成長に必要な知識が得られるようにすること。

### 3 独自の枠組み

　小学校以降の学校にも，もちろん学校独自の「文化」があるが，幼稚園や保育所には，それ以上の個々独自の「園文化」がある。そこには，それぞれ独自の園の建学の精神があり，その実現のための枠組みが設定されているからである。この「園文化」レベルは実践の場におけるデザインである。子どもたち一人ひとりの発達の道すじを見通し，1番目の枠組みの中で，2番目の枠組みに十分準拠し，どのような方策をとるか，という実践の場での工夫＝デザインが「環境構成」である。
　子どもが目にする「環境」には，教師の明確な意図＝デザインがある。子どもが遊び始める場面を考えてみる。
・園庭に三輪車があり，曲がりくねった白線が引かれている。教師側の視点では「三輪車を置き，白線を引いておくことによって活動を生み出したい」という意図がある（以下同じ）。
・砂場とは数メートル離れている水道のそばに，つなぎ合わせることのできる樋が置いてある。教師側の視点では「砂場で水を使いたくなる

はずだ。樋を使いたくなれば，数人に声をかける必要が出てくる。一緒に遊ぶ活動を生み出したい」。
・落ちているドングリを拾ってくる子どもがいる。4個の器とドングリの本が置いてある。教師側の視点では「少なくとも4種類のドングリを拾ってくるので，4個器を用意すれば仲間分けをするだろう。ヒントとなるドングリの本を目につく所に置いておくことで，興味関心をより喚起できる」。
・年長児が熱中している泥だんごづくりの道具・材料を年中の部屋の前に置いておく。教師側の視点では「年長がこれだけ熱心に取り組んでいることに，年中児も興味関心を示すはず。やってみたいと年長児に教えてもらう場面を設定したい」。
・4人グループに1本のペットボトルとコップを4つ渡す。教師側の視点では「4つのコップに上手に分けるための話し合いがあるはずだ。分け方の手順の話し合いもあるはずだ。役割分担が自然にできるような状況を設定したい」。

　個々の子どもの現れに対する対応においても，一貫したより明確な方策を取り入れる場合もある。例を挙げると，モンテッソーリ教育の枠組みをもつ幼稚園ではモンテッソーリの教育方法を進める「環境構成」がなされている。モンテッソーリ教具は，その特徴である。この教具は，形，大きさ，手触り，材質，重さ等が統一されており，この教具を通して数量的，質量的，言語的な感覚等を養うこととしている。
　日本モンテッソーリ教育綜合研究所によれば，子どもたちに自発的な活動に取り組む自由を保障するために「整えられた環境」を準備する必要があり，「整えられた環境」とは，次の要素を満たすものとされている。

①子どもが自分で自由に教具を選べる環境構成。
②やってみたいなと思わせる，おもしろそうな教具。
③社会性・協調性を促すための，3歳の幅を持つ異年齢混合クラス編成。
④子どもそれぞれの発達段階に適した環境を整備し，子どもの自己形成を援助する教師。
※モンテッソーリ教育においては，教師は「教える人」ではなく，子どもを観察し，自主活動を援助する人的環境要素です[1]。

159

## 第6章 領域「環境」のデザイン＝環境構成

　また，子どもの自発的な遊びを重視した幼稚園では，子ども一人ひとりに「環境構成」が考えられている。
　たとえば，お茶の水女子大学附属幼稚園では，

- 幼児期の特性をふまえ，それぞれの幼児が自分でやりたいことを見つけられる環境構成。
- 自分から，人やものや環境にかかわって遊びに取り組んでいかれる環境構成。
- 一日の過ごし方はその子どもの興味や関心によってそれぞれに異なり，それを保障する。
- 幼児一人ひとりの思いに沿った生活の自然な流れを大切に考え，同じことを同じ時にどの子どもにも教え込むようなことはしない。

　このようなコンセプトのもと，そのときどきに一人ひとりに合わせた援助や指導を行って，個々の子どもの興味や意欲，自ら考え行動する姿勢が育つよう環境構成を考えている。

　法的な拘束力のある条文に準拠した枠組みでも，その教育理念を実現するための「園文化」がそれぞれに存在している。方法論的に，自然環境的に，社会環境的に，環境構成をどのような方策でデザインしているかの違いがあるからである。

## 第2節 就学前教育と小学校教育の連携を環境構成から見る

　21世紀に入る前から，義務教育及びその後の教育の基礎を培う「幼児教育」の重要性は指摘されてきた。近年は，幼小の円滑な連携が求められるようになっている。また，幼小連携が学校教育の枠だけではなく，保育所等との連携も含めて考えられるようになっている。幼児教育というとらえ方も，広く小学校就学前の子どもの教育及び保育全般にわたって考える用語として「就学前教育」といわれるようになっている。就学前の教育と就学後の教育の連続性を視点とした「改革」の動きは，4つの流れの中で進行している。この動きは，幼児教育を具体的に進めていく方策としての「環境構成」の考え方にも大きな変革を求めている。

## 1 幼小連携の流れ

### （1）46答申

1971（昭和46）年中央教育審議会では「就学前教育から高等教育までの学校教育の全般にわたり，制度的・内容的に」改善するにはどうするのかが検討され，特に幼児教育については「人間の発達段階と個人の能力・適性に応じた効果的な教育」をどのように施すかという点が諮問されている。答申では，「第2章　初等・中等教育の改革に関する基本構想」に次のように記載されている。

---

〈今後における学校教育の総合的な拡充整備のための基本的施策について（答申）〉
（第22回答申（昭和46年6月11日））
第2　初等・中等教育改革の基本構想
1　人間の発達過程に応じた学校体系の開発
　現在の学校体系について指摘されている問題の的確な解決をはかる方法を究明し，漸進的な学制改革を推進するため，その第一歩として次のようなねらいをもった先導的な試行に着手する必要がある。
　⑴　4，5歳児から小学校の低学年の児童までを同じ教育機関で一貫した教育を行うことによって，幼年期の教育効果を高めること。

※⑴のねらいは，幼年期の集団施設教育の様々な可能性を究明するためであって，現在の幼稚園と小学校の教育の連続性に問題のあること，幼年期のいわゆる早熟化に対応する就学の始期の再検討，早期教育による才能開発の可能性の検討等の提案について，具体的な結論を得ようとするものである（筆者）。

---

いわゆるこの46答申が，幼稚園と小学校の教育の連続性についていろいろな検討や実践が重ねられるスタートとなったといってよい。

### （2）小1プロブレム

2006（平成18）年度に東京学芸大学による「小1プロブレム」研究推進プロジェクトが立ち上がった[2]。プロジェクトの目的は「小学校1年生時に，児童が授業中に立ち歩くなどの行為から授業が成立しない」現象が「小1プロブレム」と呼ばれ報告されてきたことを受けて，「これを現代的課題と捉え，全国の実態調査を行い，幼稚園・保育所・小学校間の連携，日常生活の指導，特別支援教育の観点も含めて，幅広く対応のあり方を検討すること」である。

幼稚園から小学校，小学校から中学校へと学校種が異なる生活が始まる学年には，子どもの側の戸惑いと教員側の戸惑いが共存していたはずである。しかし，昭和から平成に時代が変わっていく中で，少子化・核

# 第6章 領域「環境」のデザイン＝環境構成

家族化等の社会状況変化と相まって,「戸惑い」が「小1プロブレム」として顕在化してきたのである。

新保真紀子は,小1プロブレムの要因として4点挙げている[3]。
・子どもたちを取り巻く社会の変化。
・親の子育ての変化と孤立化。
・変わってきた就学前教育と変わらない学校教育の段差の拡大。
・自己完結して連携のない就学前教育と学校教育。

「小1プロブレム」研究推進プロジェクトでは,その発生状況と発生理由として,就学移行期の子どもを取り巻く「学校教育のあり方」に注目している。そして,就学移行期の子どもの実態の把握,幼小連携の実態把握,基本的な生活習慣の確立に対する指導のあり方の検討・改善を指摘し,幼小連携プログラムの開発を提言している。

また,東京都教育委員会が2010（平成22）年3月にまとめた「就学前教育プログラム」第1章総説に,「幼児期の発達の特性に照らして幼児の自発的な活動としての遊びを中心にした生活を通して体験を重ねられるよう環境を構成し,幼児一人一人に応じた総合的な教育を行っている」就学前教育と,「時間割に基づき,各教科の内容を教科書などの教材を用いて学習する」小学校教育とにおける,生活や教育方法の大きな段差に対応できないことが原因の一つと考えられると指摘している。

## 2 就学前教育の変化

### (1) 幼稚園教育要領・保育所保育指針・小学校学習指導要領の改訂

教育基本法の改正（2006年）で,幼児期からの体系的な教育の実施について大きな道筋が示された。この文脈の中で,幼稚園教育要領,保育所保育指針,小学校学習指導要領の改訂が2008（平成20）年に行われた。現在,それぞれの連携に関する項目には以下のように記されている。

> 幼稚園教育要領
> 第1章　総則
> 　第3　教育課程の役割と編成等
> 　　5　小学校教育との接続に当たっての留意事項
> 　　　(1)　幼稚園においては,幼稚園教育が,小学校以降の生活や学習の基盤の育成につながることに配慮し,幼児期にふさわしい生活を通して,創造的な思考や主体的な生活態度などの基礎を培うようにするものとする。

この(1)に関しては以下の解説がなされている。

幼児は，幼稚園から小学校に移行していく中で，突然違った存在になるわけではない。発達や学びは連続しており，幼稚園から小学校への移行を円滑にする必要がある。しかし，それは，小学校教育の先取りをすることではなく，就学前までの幼児期にふさわしい教育を行うことが最も肝心なことである。つまり，幼児が遊び，生活が充実し，発展することを援助していくことである。　　　　　（中略）

　幼稚園教育において，幼児が小学校に就学するまでに，創造的な思考や主体的な生活態度などの基礎を培うことが重要である。創造的な思考の基礎として重要なことは，幼児が出会ういろいろな事柄に対して，自分のしたいことが広がっていきながら，たとえうまくできなくても，そのまま諦めてしまうのではなく，更に考え工夫していくことである。うまくできない経験から，「もっとこうしてみよう」といった新たな思いが生まれ，更に工夫し自分の発想を実現できるようにしていく。主体的な態度の基本は，物事に積極的に取り組むことであり，そのことから自分なりに生活をつくっていくことができることである。さらに，自分を向上させていこうとする意欲が生まれることである。それらの基礎が育ってきているか，さらに，それが小学校の生活や学習の基盤へと結び付く方向に向かおうとしているかを捉える必要がある。また，小学校への入学が近づく幼稚園修了の時期には，皆と一緒に教師の話を聞いたり，行動したり，きまりを守ったりすることができるように指導を重ねていくことも大切である。さらに，共に協力して目標を目指すということにおいては，幼児期の教育から見られるものであり，小学校教育へとつながっていくものであることから，幼稚園生活の中で協同して遊ぶ経験を重ねることも大切である。

（幼稚園教育要領解説から引用）

---

保育所保育指針
**第2章　保育の内容**
4　保育の実施に関して留意すべき事項
⑵　小学校との連携
　㋐　保育所においては，保育所保育が，小学校以降の生活や学習の基盤の育成につながることに配慮し，幼児期にふさわしい生活を通じて，創造的な思考や主体的な生活態度などの基礎を培うようにすること。
　㋑　保育所保育において育まれた資質・能力を踏まえ，小学校教育が円滑に行われるよう，小学校教師との意見交換や合同の研究の機会などを設け，第1章の4の⑵に示す「幼児期の終わりまでに育って欲しい姿」を共有するなど連携を図り，保育所保育と小学校教育との円滑な接続を図るよう努めること。

# 第6章 領域「環境」のデザイン＝環境構成

　保育所保育指針解説には，保育課程編成の留意事項として以下のように記されている。

> 　子どもは，保育所から小学校に移行していく中で，突然違った存在になるわけではない。発達や学びは連続しており，保育所から小学校への移行を円滑にする必要がある。しかし，それは，小学校教育の先取りをすることではなく，就学前までの幼児期にふさわしい保育を行うことが最も肝心なことである。つまり，子どもが遊び，生活が充実し，発展することを援助していくことである。

　保育所と小学校の連携を進める情報共有の点から，2008（平成20）年からは，すべての保育所入所児童について，保育所から就学先となる小学校へ，子どもの育ちを支える資料として「保育所児童保育要録」を作成し送付することになっている。

### （2）子育て支援

　2012（平成24）年に，いわゆる子ども・子育て関連3法が成立した。この趣旨は，
・質の高い幼児期の学校教育，保育の総合的な提供。
・保育の量的拡大・確保，教育・保育の質的改善。
・地域の子ども・子育て支援の充実。
の3点であり，幼児期の学校教育，保育，地域の子ども・子育て支援を総合的に行おうというものである。したがって，新たに幼保連携施設として「認定こども園」制度が施行され，幼稚園教育関連や保育所関連の大枠とは別のものが設定されている。
　今後，幼児教育に関して，社会的な変革と同様な変革が予想される。実際の「幼児教育」の現場で，何を目的として，何を環境として設定し，どのように環境構成をして保育を実施するか，注目していかなければならない。
　子ども・子育て関連3法とは以下の法律を指す（一部抜粋）。

〈子ども・子育て支援法〉
第1章　総則
（目的）
第一条　この法律は，我が国における急速な少子化の進行並びに家庭及び地域を取り巻く環境の変化に鑑み，児童福祉法（昭和二十二年法律第百六十四号）その他の子どもに関する法律による施策と相まって，子ども・子育て支援給付その他の子ども及び子どもを養育している者に必要な支援を行い，もって一人一人の子どもが健やかに成長することができる社会の実現に寄与することを目的とする。
（基本理念）
第二条　子ども・子育て支援は，父母その他の保護者が子育てについての第一義的責任を有するという基本的認識の下に，家庭，学校，地域，職域その他の社会のあらゆる分野における全ての構成員が，各々の役割を果たすとともに，相互に協力して行われなければならない。
2　子ども・子育て支援給付その他の子ども・子育て支援の内容及び水準は，全ての子どもが健やかに成長するように支援するものであって，良質かつ適切なものでなければならない。
3　子ども・子育て支援給付その他の子ども・子育て支援は，地域の実情に応じて，総合的かつ効率的に提供されるよう配慮して行われなければならない。

〈就学前の子どもに関する教育，保育等の総合的な提供の推進に関する法律の一部を改正する法律〉

※認定こども園，幼保連携型認定こども園の認定手続きに関わる内容が中心（筆者）。

〈子ども・子育て支援法及び就学前の子どもに関する教育，保育等の総合的な提供の推進に関する法律の一部を改正する法律の施行に伴う関係法律の整備等に関する法律〉

※前述2法律を円滑に運用するための関係法改正に関する内容が中心（筆者）。

## 第3節　連携プログラムを環境構成の視点から見る

### 1 連携の枠組み

　就学前の子どもたちが大きなストレスなく小学校の教育へと進んでいくための取り組みとして，いろいろな実践が報告されている。それらの実践を，「環境構成のデザイン」という視点で類型化してみると以下のようになる。

　なお保育所と小学校との連携も模索されているが，2011（平成23）年に日本保育協会から刊行されている「保育所児童保育要録を中心とした保

# 第6章 領域「環境」のデザイン＝環境構成

小連携推進事業報告書」によれば，2008（平成20）年に保育指針の改定があり，保育所から保育要録が送付されることに伴って，その記述の観点についての検討が，保小連携の動きを加速させていると述べられている。しかし，本節では「環境構成」という視点から，幼小連携についてのみ解説する。

### （1）イベント交流型連携

　幼稚園や保育所の生活時間帯は，子どもの生活の流れや保護者の就労状況に影響される。一方，小学校は始業時刻が決められており，1日の学習時間（時間割）も決められている。子どもの生活を時間の単位で合わせることはなかなか困難であるが，そうした中でも，就学前の子どもたちと1年生との交流活動が実施されている。たとえば，七夕集会に年長児が招かれ，小学生と一緒に参加したり，小学校で行われるお店屋さんごっこにお客さんとして招待されたりすること等である。園児にとっても児童にとっても，双方が交流すること，出会うことによって，互いに「学び」があるように環境が設定される。異年齢の交流機会にもなり，特に園児には「不安」よりも「憧れ」が生まれるような活動が設定されることが多い。「～をしてもらう」「～をしてあげる」という，子どもたち同士が，それぞれ相手に必然的に関わる「ほどよい状況」がデザインされる。幼稚園，保育所，小学校とも，それぞれのもつ大枠（公的な拘束も含む）を逸脱しない連携といえる。

図6-1　イベント交流型連携

### （2）小学校生活ガイダンス型連携

　小1プロブレムの対応として，園児たちに小学校の生活にできるだけ慣れてもらおうという切り口で，ねらいや内容，具体的な活動場所，時間等の枠組みが設定されることが多い。基本的には，小学校の枠組みの中で園児向きにアレンジされた内容が提供される。したがって，単に「出会って交流することで子どもたち双方に何かが生まれる」ことをねらい

としていない。子どもたちの興味関心から発して「何かが生ま」れ、それが小学校での学習の枠組みの中に発展していくことをねらっての活動設定である。たとえば、小学校「生活科」のねらいや内容に沿った「学校探検」であったり、「飼育・栽培活動」であったり、「学習発表会」の聴衆として参加する等の活動である。ガイダンスは、新しく出会うことの準備という背景があるので、小学校側と幼稚園や幼児教育に従事する側とのコラボレーションであるが、あらかじめ設定されている教科学習のねらいに向けて、子どもたちの実態を考慮しつつ活動を設定し導いていくことが多い。

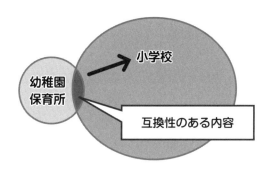

図6-2　小学校生活ガイダンス型連携

## (3)「移行期の子どもたち」の成長や学びに重点をおいた連携

小学校の入学式は、「"何でもできる年長"が"何もできない1年生"に変化する」といわれることがある。学校制度でいえば、幼稚園3年間のまとめを終えた子どもたちというとらえ方と、義務教育9年間のスタートラインに立っている子どもたちというとらえ方である。就学時期は、確かに大きな成長の節目ととらえることができるが、成長の連続性を基盤にして連携を考えると、この時期にこそふさわしい環境構成の必要が出てくる。こうした点からすれば、幼児と児童の交流だけを目的とする活動そのものは手段であり、上級学年で行われる様々なガイダンス的な活動も手段である。「交流」という実践的な場面がたとえ設定されなくても、子どもたちの成長や学びの連続性を生かした環境を考えなければならない。たとえば就学前の子どもたちが「ダンゴムシ」に自発的に関わっていくことが、小学校以降の生活科や理科と関連をもったものととらえた環境が準備され、1年生での「ダンゴムシ」活動が、幼稚園での活動を継続、発展させることで連携が図れるような学習活動として設定されるという考え方である。

# 第6章 領域「環境」のデザイン＝環境構成

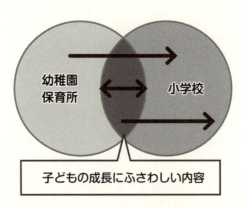

図6-3 「移行期」重視型連携

## 2 連携を支える環境構成

### (1) 幼稚園から小学校への橋渡し＝移行期間を重視する

　幼稚園年長の最後の数か月間の子どもの成長と，小学校入学後の3か月間は，それぞれの学校種においても特別な時期である。もともとそれぞれがもっている独自の枠組みだけでは，子どもたちの成長を十分に支えることができないのではないか。したがって，この時期には独自の環境構成を考える必要がある。

　お茶の水女子大学附属幼稚園・小学校では，「接続期（年長10月から1年生7月）」という概念を用いて，子どもの育ちと学びの連続性を保障する環境構成を提案している。

・（幼小の）それぞれの独自性を大切にしながらも，入学に伴う子どもたちの期待感や緊張感が，良い形で先につながっていくような場面設定。
・一人ひとりの子どもに対する教師の働きかけが必然的に増えていくような場面設定。
・教師と子ども・子ども同士の信頼関係を生みやすい空間構成。
・子どもにとって，生活・学習の流れがわかりやすい時間構成[4]。

　横井紘子は「幼小連携の取り組みが近年さかんであり，そのキーワードの1つに「接続」という言葉がある。「接続」は，「幼児教育と小学校教育を滑らかにつなぐ」という意味合いで用いられ，幼小連携においては，幼稚園・小学校双方の「カリキュラムをつなぐ」ことが「接続」の最終的な目標」[4]であるとしている。すなわち，幼児教育の「援助」「支援」といった面を重視しつつ，保育内容や学習内容・指導法等の改善を

図り，その成果を小学校教育がその入門期に効果的に取り入れる環境構成を考えている。

## （2）教科学習への連続性を重視する

　小学校低学年教育（教科学習等に分化する）へのなめらかな連続を図るため，幼稚園の子どもたちの活動，遊びが，小学校の学習に「何がつながるか」という視点で，環境構成を考える。幼稚園教育で重視している「遊び」を「総合的な学び」と考え，教科学習に分化する前段階ととらえる。

　この文脈で，「幼児の遊びの中に込められた教育的意義の読みとりを行い，幼児が遊び体験の中で得てきた学びはどのように学習の中でつながり発展しているかということや，既存の教科の枠や内容・方法として連携していない事柄は何か等，様々な問題と可能性」について検討する。

　鳴門教育大学附属幼稚園・小学校では，幼稚園の遊びを「教科の窓口（小学校が大切としている切り口）」から検証することによって，自発的な遊びが展開されていく環境構成の見直しを図り，幼児の科学的思考がどのような環境構成によって質的にも高まって，小学校以降の学習に発展していくのかという観点で「遊誘財<sub>ゆうゆうざい</sub>」という考え方を示している[5]。ひとつの環境構成の視点である。

　「遊誘財」とは「子ども達が興味関心を持って惹き付けられ，様々に感じ，気づき，夢中になって遊び込み，そのものの本質やおもしろさに迫り，その中から豊かな感情や多様な学びが得られる，このような，子どもを遊びに誘う環境」のことであり，その具体的な財産が「財」であるという。すぐれた「遊誘財」は，子どもたちに次のような「遊び込む」過程を誘発するとしている。

①子ども達に好奇心や興味を刺激し

②子ども達が自発的に対象を操作することで対象に変化を引き起こし

③その変化に「なぜだろう？」と考えることをはじめ

④何らかの因果関係やつながりなどに気づきはじめ

⑤面白い，驚き，好奇心，感動が生まれはじめ

⑥繰り返すなかで知識や技術，思考方法を獲得しはじめ

⑦何度もそのような仮説（過程）を繰り返すことで，目的をもって取り組むことをはじめ

⑧目的が達成されると達成感や精神的充実感により自信や有能感をもちはじめ

## 第6章　領域「環境」のデザイン＝環境構成

　　⑨自分たちがどのような可能性をもっているかが分かりはじめ
　　⑩それらのサイクルが友達同士で行われることで人間を理解し，関係を創造（調整）する力が形成されはじめ
　　⑪協力や協同の能力が育ちはじめ
　　⑫組織・集団（社会）への参加することの大切さや必要性を身につけはじめ　など
　　　　　　　　（遊誘財リーフレット no.3　平成25年2月1日発行）

　子どもたちに「遊び込む過程を誘発」することは，すなわち環境構成をデザインすることなのである。

### （3）遊びの重要性にフォーカスする
　小学校以降の学びを支えるのは，幼児期における「学び」であり，この時期の「学び」は3年間の「遊び」の充実が基盤となっていると考える。「幼小をつなぐ」のは，「遊び」を「学び」の基盤ととらえることである。すなわち，「遊び」を充実させる環境構成の視点は以下のようにまとめられる。
・自然に対する気付きを生み，科学的なものの見方を導く。
・友達との関わり方を言語活動の充実という観点から導く。
・素材・材料・道具の効果的な使用方法等を学ぶ。
・主体的な遊びの場面に応じて，個別への対応をする。
・直接体験を重視する。
・遊びを通して「その先」に目を向ける積極性を生かす課題設定をする。
・人を思いやる気持ち等「生きる力の基礎」を育成する場面を設定する。
　幼小の接続を幼児教育の推進という観点から見ると，「小学校からの学びの基礎となる力」と「幼児期に育てたい力」とは表裏一体のものである。上越教育大学附属幼稚園では，「小学校からの学びの基礎となる力」を以下のようにまとめている[6]。

　　・好奇心・探究心…自分の周りの事物や事象に対する気づきや感性。
　　・主体性……………様々なことを自分でやろうとする心情や意欲・自信。
　　・自立・自律………生きるために必要な基本的生活習慣等を身につけること。状況を判断し適切な行動をとれるようになること。

- ・伝えあう力………興味を持って活動する中で，気づいたことや自
　　　　　　　　　　分の思いを人に伝えたり，相手の話を聞いたり
　　　　　　　　　　すること。
- ・社会性…………所属する社会（幼稚園）の文化や規範，あるい
　　　　　　　　　　は習慣が分かり，それに順応して行動すること。
- ・協同性…………互いに仲良くすることからさらに進んで，互いに
　　　　　　　　　　配慮して分担し，さらに活動の進展に伴い，やり
　　　　　　　　　　とりを重ねて共通の目的を達成していくこと。
- ・見通しを持つ力…先のことを考えて適切な行動を取ること，相手
　　　　　　　　　　の気持ちを察して適切な言葉かけや働きかけを
　　　　　　　　　　すること。

　この７つの力は，それぞれが独立してあるわけではなく，遊びの中に
も個々の力がそれぞれに独立して見て取れるというものではない。小学
校というフィルターから見えた７つの力は，幼稚園での遊びの中では，
場面ごとの状況として実生活上に生きて働く力として表れてくる。小学
校からの学びの基盤は，幼児の遊びの中に見いだされる「実社会で生き
てはたらく力」＝リテラシーが形成されることに依存する。上越教育大
学附属幼稚園では，さらに「言語リテラシー」「数量リテラシー」「科学
リテラシー」の３つに焦点を絞って，幼小の接続を考えている。

　幼稚園の生活が「小学校からの学び」を支えるのは，幼児期の子ども
にとって必然性のある「遊び」「活動」の中で「リテラシーの基盤」を
培うことである。

## （4）成長の連続性＝小学校教育準備を重視する

　幼稚園教育要領では，４時間の保育時間が決められている。この４時
間は，年少にとってふさわしい設定なのか，年長にとってふさわしい設
定なのか，年間を通してこの時間内の保育が最適なのか。たとえば，小
学校６年間を考えれば，１年生と６年生の生活時間が年間を通して同じ
設定ではない。年長を１年生の１年前の学年と考えると，年長のある時
期からは，まちがいなく１年生への準備となる活動，課題等の設定が可
能になる。この面から，子どもの発達段階にふさわしい小学校教育準備
という環境構成のあり方がある。

　小学校教育との接続期の保育活動について，玉川学園幼稚部は，年長
児後半の生活の中に，小学校教育準備のための接続期プログラム（以下

# 第6章 領域「環境」のデザイン＝環境構成

チャレンジプログラム）を設定した。
　チャレンジプログラムは，次の視点から設定されている。

### ● 一貫性という視点

　接続を考えるとき，一貫した全体マネージメント＝目指す学習者像の実現＝をもって，それぞれの学年で「学んでいくもの」としてふさわしい教育活動を提供しなければならない。それは，すぐ上の学年での「プロブレム対策」ではなく，「より良さを求めて学んでいく子ども達を育てる」ための戦略でなければならない。

### ● 接続という視点

　隣接する学年の「接続」にとって重要な視点は「あとになってその経験・活動・知識・感情や思い・スキル等が生きる」ということが一つである。さらに，「接続」が相互にとって「現在の活動に，それぞれにはない刺激が与えられ，現在の活動自体そのものに深まりをもたらすもの」ということである。

### ● 年長児の成長という視点

　年長児の夏過ぎの姿は，「達成感」「成し遂げるための意欲の高まり」「ルールを意識して熱中する」「友達と協力して作り上げていく」「友達の姿に感化される」といった言葉で表すことができるようになる。教師（または保護者）から設定された課題であっても，きちんと心を向けて目標達成，課題解決のために努力する姿勢が顕著に表れてくる。

・小学校スタイルの設定された課題・時間にも自分から興味関心を向けて取り組むことができる。
・個人の達成感や成果を求める。
・クラスやグループでの活動や，年少中児よりも長い保育時間設定がふさわしい。

　こうした視点を踏まえての接続期プログラムは，平常の保育活動の延長ではなくもう一つの「特別に設定」した活動ではあるが，小学校で展開される教科学習の前倒しではない。子どもの成長に適切な時期に，適切な課題をもった活動を，適切な目標達成のために計画することである。環境構成上留意したのは以下の点である。

・日常の子どもたちの様子から,「もっと得意になりたい」といった自己課題になりうる活動をピックアップする。
・1日または1週間の遊びの流れとは直接的な連続性は特別意識しない。
・1回の活動に1つのテーマを設け,45分以内の活動の設定を基本とする。ただし,活動の発展,展開の必然性が生まれたときには,活動を継続(時間,回数等)する。
・一人ひとりの取り組みとグループでの問題解決のバランスがとれる活動を設定する。
・活動のバックグラウンドとなる概念・基礎的な知識,技能を明確にしてプログラムの設定をする。
・活動の発展によって,どのような概念・スキルアップにつながるかを明確にしておく。
・グループ内でのコミュニケーションが重視され,問題解決に不可欠な要素とする。
・子どもたちの日常の活動へ波及するきっかけとなるようなプログラムの設定をする。

　子どもの成長や気付きを大切に,自発的な遊びを蓄積し保育カリキュラムを作成してきた。「接続」期でも,あくまでも子どもたちの自発性を生かしながら,小学校教育の準備として必然性がある活動を設定している。たとえば,スイッチがあれば思わず押したくなるという状況を設定するということである。「接続」という枠組みをもった環境構成を考えることになる。

## 玉川学園幼稚部の実践例

　あらかじめ活動の細部までが決定されていて,子どもたちに「学習課題」として提供しようというものではない。子どもたちの日常の生活上から,成長の見取りから,教師側として挑戦させてみたい事柄からプログラムを考えている。プログラムの担当者は,あくまでも子どもたちの知的好奇心や自発的なチャレンジをファシリテートすることが最大の役目である。一方で「接続」という点から,振り返りの視点を示すことにした。かつ,その内容については,玉川学園小学部教員と連携をとり設定したものである。玉川学園小学部は,1・2年生の学習を「総合学習」

## 第6章 領域「環境」のデザイン＝環境構成

として実施している。時間・空間・教科の枠組みにとらわれず，子どもの興味関心，学習課題の発展性・深化，活動の連続性や必然性を生かして，年間を通した計画の中で学習を進めているという背景もある。

**事例1** なぞの手紙　暗号解読ゲーム

　単語の一音だけを切り取って，一つの文脈のある文章（手紙）を読み解くための，隠された解読ルールを見つける。解読ルールを共有し，「なぞの手紙」をつくる。

● 目標
- いろいろなアイディアを出し相談しながら「読み解く」ルールを見つける。
- ひらがなで単語（物を表す言葉）を表すときの，一文字の音に注目する。
- 横書きは左から右に，縦書きは右から左に読み進めていく（書き進めていく）。
- 濁音・半濁音・拗音(ようおん)・促音は特別な表し方がある。
- 単語から切り取った特定の音を組み合わせて，文脈を考える
- 読み解いたルールに則(のっと)って，新しい手紙を書く。

● 環境設定
- 4，5人のグループに紙と筆記用具を用意する。
- グループごとに，なぞの手紙となぞの手紙作成キット（単語カード）を用意する。
- ヒントカードを状況に応じて提示する。
- 単語の語尾が「ん」の場合は「ん」と読む。

● 背景
- 知っているひらがなで名前を書いたり短い文章を書いたりするようになってくる。
- 紙のスペースに合わせて，自分の書き方で文をおさめようとするため，右から左に書いていて突然左から右に戻ったりすることがある。自分の中では，完結している。
- 誰にでも意味を伝えるためには，共通するルールに則って書くこと，読むことが重要であることに気付かせていきたい。駅名の表記や，店の看板等の表記の仕方へも関心をもたせたい。

● 活動のねらい

「゜」（半濁点）の付く言葉，半濁点を抜いた言葉・歌，しりとり等，何人かで一定のルールのもとで，言葉で遊ぶ楽しさを経験してきている。表音と表意とのギャップがつくり出すおもしろさにも気付いている。たとえば，「セミ」をひっくり返して「店」になるといった言葉遊び等に興味を見せる。偶然に耳に入ってきた言葉のおもしろさに関心をもつことから，ある一定のルールのもとで発見する言葉のおもしろさに，より多くの興味関心をもたせたい。読むこと書くことへの意欲を高めたい。

● ファシリテート・進め方

・しりとりゲームを行う。しりとりのルールは何かを確認する。
　レベル1　しか→か○○△→△○○□→□○○○……
　レベル2　しか→○ら○→すし→○○○○→まり
・暗号が書かれた手紙をグループごとに受け取り，ヒントを聞く。
　　あるルールに従って書かれている
　　手紙なので何か伝えたいことが書かれている
　　絵を言葉にしていくと読める

・先生にヒントをもらうときにはグループ全員の合意によることを約束する。
・グループの話し合いが混乱しているときには，話し合いに参加し論点を分かりやすくする。
・何文字か解読できた段階で，書かれている文章を推量すれば，続きの文字の解読のヒントが発見できることを示唆する。

・グループで相談し，返事の内容を考え返事の作成をする。

● 振り返り

・暗号解読のルールを見つけた手順を発表する。
・どの段階で，誰の発見が，最終的なルールを見つけるもとになったか。
・縦書き，横書きの基本的なルールに則って，返事が書けたか。

### 事例2　忍者修行

　速く走る，ジグザグに走る，駆け上がる，駆け下りる，よじ登る，飛

## 第6章 領域「環境」のデザイン＝環境構成

び降りる，転がるといった特別な動きに積極的にチャレンジする姿勢を伸ばす。高めの目標を設定して，努力して達成する喜びを味わう。

● 目標
・転ばないようにスピードをコントロールする。
・高さの感覚（落ちない，飛び降りることができる）を身に付ける。
・転がる（前転，後転等）感覚を身に付ける。
・手足をバランスよく使ってよじ登る体験をする。

● 環境設定
・ごっこ遊びの流れをつくり，その中でいろいろな修行ポイントにチャレンジできるようなコースを設定する。
・基本となるポイントは全員達成可能なレベルとし，徐々に高度なレベルに挑戦できるようにする。

● 背景
・得意ではないがあえて挑戦しているという気持ちが大きくなっているものの，「鉄棒」「跳び箱」「マット」という限定した場面設定には壁を感じている子が多い。
・ごっこ遊びの中で，「ここを飛び降りた人は次の修行へ」という取り組みができる場面を自発的に設定し，一人ひとりの思いで挑戦する姿が見られる。

● 活動のねらい
　下り坂を転ばないように駆け下りる姿は，自然と身に付けていくとも考えられるが，体の各部位の可動範囲を広げ，筋力や柔軟性，調整力等を伸ばすことで，一層冒険に満ちた楽しい運動ができるようになる。そうした場面として，この活動に挑戦させたい。

● ファシリテート・進め方
・忍者の修行が終わると，学内のいろいろな冒険の場所に出かけられるという状況を設定する。
・山での修行（斜面を使った運動，木登り），園庭での修行（飛び越す，飛び降りる，回る，逆さになる），グラウンドでの修行（登り棒，雲梯），バランスの修行（自転車，一輪車，竹馬，丸太わたり）等を順次設定し，意欲

的にチャレンジできるようにする。
・修行の進み方によって、アイテムがもてるようにする等、忍者レベルが分かるようなリストを作成してもよい。

● 振り返り
・修行によってできるようになったことは何か。
・最も勇気が必要なものにどのようにチャレンジしていったか。
・何がきっかけで勇気や自信がもてたか。
・冒険してみたいコースを自分たちで開拓する気持ちをもてたか。
・人が努力している姿を認めることができたか。

## 第4節 保育の質を環境構成の視点から見る

### 1 保育の質について

　保育の質を考えることは、保育の重要性とその重要性を十分満足させるための手立てや成果を考えることである。したがって、保育の重要性をAと考えれば、Aを実現するための手立てが効果的で成果が認められるか否かで、その質を考えることになる。保育の重要性をBと考えれば、Bを実現するための手立てが効果的で成果が認められるか否かで、その質を考えることになる。保育の重要性を十分満足させるための手立てや成果を考える方策が「環境構成」である。

　保育の質を考えるには、保育の重要性をどうとらえるかが鍵になる。保育の重要性は「子どもの生涯にわたる人間形成の基礎を培う」という観点と「保護者の子育てを支援する」という観点がある。前者は、子どもの「今」の生活が充実していることが、将来にわたって「生きる力」を培うことになるという教育理念に関わる視点である。幼小連携の視点も含まれている。後者は、保育に関わる人や施設、財政等を有効に活用するという視点である。サービスを提供する側と提供される側との「顧客満足度」的な視点も含まれる。子どもや保護者に質の高い保育を提供するという観点からすれば、両者を別々に考えるものではなく、総合的に考えなければならない。

# 第6章 領域「環境」のデザイン＝環境構成

- 「質の高さ」や「質を高める行為」を測る標準的な尺度のシステム化として「保育環境評価スケール（Early Childhood Environment Rating Scale）」がある。
- ＩＳＯ品質マネジメントシステムの手法を，教育の「質」を高める手法として当てはめて考える動きもある。
- 組織のあり方や組織としての取り組みを含めた学校評価を一つの枠組みとした取り組みも進んでいる。
- 内閣府国民生活局物価政策課「保育サービス市場の現状と課題──『保育サービス価格に関する研究会』報告書」（平成15年）に保育の質を考える指標が示されている。

## 2 保育の質を「プロセスと環境構成」から考える視点

　子どもたちの遊びの状況を見ていると，少なくとも2つの対極的な様相があることが分かる。一つは，「やりたいことがはっきりしている」「どんどん工夫やアイディアが生まれている」「どういう計画でどうしたいかといったストーリーが展開している」といった面である。もう一方は，「やりたいことが見つからない」「とりあえず参加してみるがすぐやめる」「刺激には反応するが，自分からは（遊びを）生み出していない」といった面である。

　子どもの「遊び」が，その場面での良質な「学び」につながるような「子どもの生涯にわたる人間形成の基礎を培う」プロセス，すなわち保育のプロセスを支えるのが「環境構成」である。

　「遊び」が見つからない子には，その子だけの環境を設定するか，その子が「遊んでいる子」と関わりがもてるような環境を設定するか（援助するか），その子も含めて取り組みたくなるような新たな環境を設定するか，教師が積極的に介入してその子や周りにいる子を巻き込んで遊べる環境を設定するか等，「やりたいことが見つからない子」が「やりたいことがはっきりしている」状態に導くプロセスを支えるのが「環境構成」である。

　図6-4に示したように，子どもから発した思いが，いろいろな場面での環境構成によって，その思いのベクトルが，多くの仲間との協働的な経験が積み重ねられていくような方向性をもつプロセスとなる。子ども一人ひとりが，自分で判断し決定し，行動に移し，自尊感情を高め，周囲との良好な人間関係を築いていく状況を評価することは，子どもが

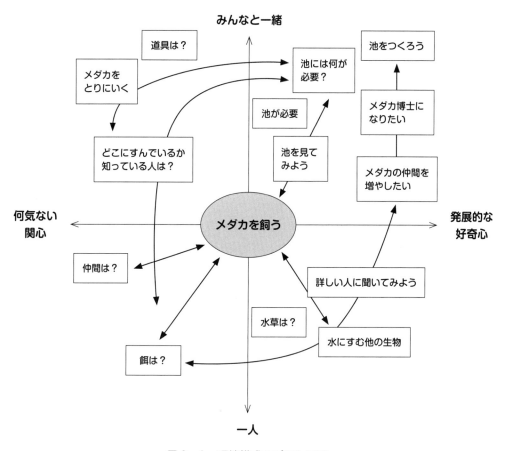

図6-4 環境構成のプロセス図

活動している現れから，それが有効なものであったかどうかを判断しなければならない。以下は，その視点である。

・目標が明確な文脈で示され，その文脈には子どもの自発性が生かされている。
・子どもが，対象に自発的に働きかける刺激が用意されている。
・対象に対する知識，対象をコントロールする技能を用いることができる。
・子どもの複数のアイディアに対応する場所，時間，道具，素材が用意されている。
・子どもたちが十分に話し合い，ある方向性をまとめるための援助がある。
・子どもの活動を複数の教師または保護者が援助する仕組みができている。
・課題を解決していく過程や学び方をスキルとして身に付ける。
・成長の連続性を考慮した活動の発展（上位学年との連携や一貫）が意図された働きかけがある。

# 第6章 領域「環境」のデザイン＝環境構成

## 3 資料

文部科学省「幼稚園における学校評価ガイドライン」(平成23年改訂)
1．幼稚園における学校評価の特性
　幼稚園の教育活動は，「幼稚園教育要領」に示された内容に基づき実施されるものであり，その実施に当たっては，幼児期にふさわしい生活が展開されるようにすること，遊びを通しての総合的な指導が行われるようにすること，一人一人の特性に応じた指導が行われるようにすることを重視して行われなければならないことから，幼稚園の学校評価を行うに当たって特に教育活動の内容を評価する場合は，このことを十分配慮し，適切に行う必要がある。

(一部抜粋)

「保育の質に関する全保協の意見」(社会福祉法人　全国社会福祉協議会　全国保育協議会：平成21年11月)
※保育の質を維持・向上するための前提条件として4項目挙げている（筆者）。

(1)　物的環境の向上
(2)　保育士等の配置基準の改善
(3)　保育内容の向上
(4)　保育士等の資質・専門性の向上

内閣府国民生活局物価政策課「保育サービス市場の現状と課題」－「保育サービス価格に関する研究会」報告書－（平成15年）
※保育の質について以下の視点を示している（筆者）。

・保育の質に関する諸指標
(1)　構造的指標(Structural Characteristics)……10個
(a)　保育士の能力・資格に関するもの
　　1　児童保育士比率
　　2　常勤比率
　　3　経験年数
　　4　保育士の新規採用時の研修の実施
　　5　保育士の外部への研修・セミナー・保育学会への派遣
　　6　保育士のリーダーシップ育成研修(主任保育士研修等)に参加させている
(b)　保育所の施設に関するもの
　　7　児童一人当たり乳児室面積
　　8　児童一人当たり保育室面積
　　9　野外遊技場面積(除く代替公園)
　　10　屋内遊技場面積

(2)　発達心理学的指標(Developmental Psychological Characteristics)……15個
(a)　発育環境に関する指標
　　11　運動会の実施
　　12　園外保育(遠足，芋掘り等)の実施
　　13　プール遊び(水遊び)の実施
　　14　リズム体操の実施
　　15　園庭・公園等での外遊びの実施頻度
　　16　幼児教育の有無

⒝　子供の健康・安全管理に関する指標
　　17 園児の日々の管理記録の実施
　　18 園児に対する定期健康診断・身体測定の実施
　　19 園児の在園時間中の怪我・事故の状況に関する保護者への説明の実施
　　20 保育士と保護者の間の連絡帳の実施
　　21 保育士同士のミーティングの実施
　　22 職員の定期健康診断の実施
　　23 嘱託医以外に提携病院を持っている
　　24 児童事故時の保険加入
　　25 保育室や園庭にカメラを設置して子供を見守り

⑶　父母の利便性 (Parent's Convenience Characteristics)……10 個
　　26 駅からの近さ
　　27 営業時間の長さ
　　28 延長保育時間の遅さ
　　29 休日保育の有無
　　30 病後児保育の有無
　　31 父母との懇談会・面談会の実施 ( 平日 ) 頻度
　　32 面談会・懇談会の休日 ( 土曜日 ) 実施
　　33 育児支援センター・育児支援・育児相談を実施している
　　34 保育者からの苦情処理窓口の設置
　　35 保護者との連絡は，E メールで可能

⑷　その他サービス (Other Characteristics)……5 個
　　36 障害児保育の有無
　　37 緊急・一時保育の有無
　　38 休日に園庭を地域住民等へ開放している
　　39 外国人の保育児童を入所している
　　40 インターネットのホームページの開設

〈保育環境評価スケール〉
基本的な考え方
子どもには 3 つの基本的なニーズがあります。
・保護されること
・社会的／情緒的発達が保障されること
・知的発達が保障されること
　これら 3 つの基本的なニーズを満たす環境は，7 つの大きな要素から構成されています。
・空間と家具
・個人的な日常のケア
・言語―推理（乳児版；聞くことと話すこと）
・活動
・相互関係
・保育の構造
・保護者と保育者
　これら 7 つの項目をさらに合計で 43（幼児版）または 39（乳児版）の下位項目に分け，それぞれの項目を，実際に観察および質問により評点をつけていきます。
　それらの評点をグラフに示すことにより，対象となったクラスの保育の質のプロフィールを示すことができます。観察時の状況が把握できると共に，半年に 1 回等，定期的に行うことで数値の変化を通して保育の質の見直しができます[7]。

# 第6章 領域「環境」のデザイン＝環境構成

〈幼稚園設置基準〉（平成26年文部科学省令）
第3章 施設及び設備
（一般的基準）
第7条 幼稚園の位置は，幼児の教育上適切で，通園の際安全な環境にこれを定めなければならない。
2 幼稚園の施設及び設備は，指導上，保健衛生上，安全上及び管理上適切なものでなければならない。
（園地，園舎及び運動場）
第8条 園舎は，二階建以下を原則とする。園舎を二階建とする場合及び特別の事情があるため園舎を三階建以上とする場合にあっては，保育室，遊戯室及び便所の施設は，第一階に置かなければならない。ただし，園舎が耐火建築物で，幼児の待避上必要な施設を備えるものにあっては，これらの施設を第二階に置くことができる。
2 園舎及び運動場は，同一の敷地内又は隣接する位置に設けることを原則とする。
3 園地，園舎及び運動場の面積は，別に定める。
（施設及び設備等）
第9条 幼稚園には，次の施設及び設備を備えなければならない。ただし，特別の事情があるときは，保育室と遊戯室及び職員室と保健室とは，それぞれ兼用することができる。
　一 職員室
　二 保育室
　三 遊戯室
　四 保健室
　五 便所
　六 飲料水用設備，手洗用設備，足洗用設備
2 保育室の数は，学級数を下つてはならない。
3 飲料水用設備は，手洗用設備又は足洗用設備と区別して備えなければならない。
4 飲料水の水質は，衛生上無害であることが証明されたものでなければならない。
第10条 幼稚園には，学級数及び幼児数に応じ，教育上，保健衛生上及び安全上必要な種類及び数の園具及び教具を備えなければならない。
2 前項の園具及び教具は，常に改善し，補充しなければならない。
第11条 幼稚園には，次の施設及び設備を備えるように努めなければならない。
　一 放送聴取設備
　二 映写設備
　三 水遊び場
　四 幼児清浄用設備
　五 給食施設
　六 図書室
　七 会議室
（他の施設及び設備の使用）
第12条 幼稚園は，特別の事情があり，かつ，教育上及び安全上支障がない場合は，他の学校等の施設及び設備を使用することができる。

〈児童福祉施設の設備および運営に関する基準〉（平成23年厚生労働省令より）
第5章 保育所
（設備の基準）第32条 保育所の設備の基準は，次のとおりとする。
　一 乳児又は満二歳に満たない幼児を入所させる保育所には，乳児室又はほふく室，医務室，調理室及び便所を設けること。

二　乳児室の面積は，乳児又は前号の幼児一人につき一・六五平方メートル以上であること。

三　ほふく室の面積は，乳児又は第一号の幼児一人につき三・三平方メートル以上であること。

四　乳児室又はほふく室には，保育に必要な用具を備えること。

五　満二歳以上の幼児を入所させる保育所には，保育室又は遊戯室，屋外遊戯場（保育所の付近にある屋外遊戯場に代わるべき場所を含む。次号において同じ。），調理室及び便所を設けること。

六　保育室又は遊戯室の面積は，前号の幼児一人につき一・九八平方メートル以上，屋外遊戯場の面積は，前号の幼児一人につき三・三平方メートル以上であること。

七　保育室又は遊戯室には，保育に必要な用具を備えること。

八　乳児室，ほふく室，保育室又は遊戯室（以下「保育室等」という。）を二階に設ける建物は，次のイ，ロ及びへの要件に，保育室等を三階以上に設ける建物は，次のロからチまでの要件に該当するものであること。

　　イ　建築基準法（昭和二十五年法律第二百一号）第二条第九号の二に規定する耐火建築物又は同条第九号の三に規定する準耐火建築物（同号ロに該当するものを除く。）であること。

　　ロ　保育室等が設けられている次の表の上欄に掲げる階に応じ，同表の中欄に掲げる区分ごとに，それぞれ同表の下欄に掲げる施設又は設備が一以上設けられていること。

　　ハ　ロに掲げる施設及び設備が避難上有効な位置に設けられ，かつ，保育室等の各部分からその一に至る歩行距離が三十メートル以下となるように設けられていること。

　　ニ　保育所の調理室（次に掲げる要件のいずれかに該当するものを除く。ニにおいて同じ。）以外の部分と保育所の調理室の部分が建築基準法第二条第七号に規定する耐火構造の床若しくは壁又は建築基準法施行令第百十二条第一項に規定する特定防火設備で区画されていること。この場合において，換気，暖房又は冷房の設備の風道が，当該床若しくは壁を貫通する部分又はこれに近接する部分に防火上有効にダンパーが設けられていること。

　⑴　スプリンクラー設備その他これに類するもので自動式のものが設けられていること。

　⑵　調理用器具の種類に応じて有効な自動消火装置が設けられ，かつ，当該調理室の外部への延焼を防止するために必要な措置が講じられていること。

　　ホ　保育所の壁及び天井の室内に面する部分の仕上げを不燃材料でしていること。

　　ヘ　保育室等その他乳幼児が出入し，又は通行する場所に，乳幼児の転落事故を防止する設備が設けられていること。

　　ト　非常警報器具又は非常警報設備及び消防機関へ火災を通報する設備が設けられていること。

　　チ　保育所のカーテン，敷物，建具等で可燃性のものについて防炎処理が施されていること。

（一部抜粋）

※　このほか，地方公共団体によって示されている基準もある。また，いわゆる「待機児対策」として進められている認証保育所，認定こども園等の設置のための基準もある（筆者）。

# 第6章 領域「環境」のデザイン＝環境構成

次の条件の中で、年長児が自発的な関心をもって遊びを発展させていくための環境構成を考えよう。子どもたち自身が「水族館に行く気持ちを高め、計画を立て、見学後保育室に水族館をつくる」という流れをつくり出せるように留意しよう。

- 1か月後に水族館に行く計画がある。
- 公共交通機関を利用して見学に行く計画である。
- 保育室には魚図鑑等はまだ置いていない。
- 幼稚園には池があり、コイやメダカはいる。
- 保育室には水槽があり、熱帯魚を飼育している。
- 段ボール、色紙、セロハン等、造形に必要な素材は整っている。
- 保育室には水族館をつくるスペースがある。

## 引用文献

1 日本モンテッソーリ教育綜合研究所「モンテッソーリ教育について」
 http://sainou.or.jp/montessori/about-montessori/about.php
2 東京学芸大学「小1プロブレム」研究推進プロジェクト
 http://www.u-gakugei.ac.jp/~shouichi/report/index.html
3 京都市教育委員会「J1-01 報告書　就学前教育と学校教育の連携・協力の充実をめざして」
 http://www.edu.city.kyoto.jp/sogokyoiku/kenkyu/outlines/h16/pdf/500.pdf，2頁
4 横井紘子「幼小連携における「接続期」の創造と展開」『お茶の水女子大学子ども発達教育研究センター紀要』（第4号），2007年，45-52頁
5 『鳴門教育大学附属幼稚園研究紀要 2009』（第43集）
 http://www.kinsch.naruto-u.ac.jp/hb-index.htm
6 上越教育大学附属幼稚園『平成24年度研究紀要　幼小接続を考える』（Vol.3），2012年，3・4頁
7 保育環境評価スケール研究会 http://www.hoikukankyohyoka.com/scale.html

## 参考図書

◎ 佐々木宏子，鳴門教育大学教育学部附属幼稚園『なめらかな幼小の連携——その実践とモデルカリキュラム』チャイルド本社，2004年
◎ 清水益治・森敏昭編著『0歳〜12歳児の発達と学び——保幼小の連携と接続に向けて』北大路書房，2013年
◎ シルビア・チャード『幼児教育と小学校教育の連携と接続——協同的な学びを活かしたプロジェクト・アプローチ』芦田宏・門田理世訳，光生館，2006年
◎ テルマ・ハームスほか『保育環境評価スケール　幼児版』埋橋玲子訳，法律文化社，2008年

# 第7章 領域「環境」の現代的課題

本章では,「子ども・子育て支援法」以降の遊び環境空間としての保育の場の課題をいくつかの調査から明らかにし,多様な保育施設・事業の展開において,保育記録としてのドキュメンテーションの視点の中核に領域「環境」をおき,保育の質の向上へと寄与するICT活用に関する提案を述べる。

## 第1節 遊び環境空間としての保育の場の課題

### 1 「子ども・子育て支援法」以降の課題

全国的に進行する人口減少と都市部で増大する保育需要に対応するべく,2015(平成27)年施行の「子ども・子育て支援法」により,幼稚園・保育所・認定こども園だけではなく,これまで認可外とされてきた施設や地域型保育事業にも,消費税を安定財源とした公的資金が投入されることとなった。

「幼保連携型認定こども園教育・保育要領」に示された教育・保育内容は「幼稚園教育要領」「保育所保育指針」と共通したものであり,また,地域型保育事業の教育・保育内容は「特定教育・保育施設及び特定地域

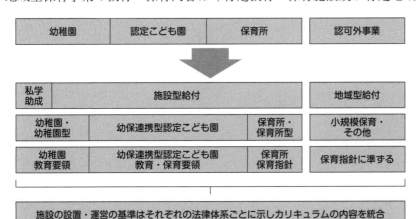

図7-1 子ども・子育て支援法施行以降のカリキュラムに関する基準

# 第7章 領域「環境」の現代的課題

型保育事業の運営に関する基準」により保育所保育指針に準じたものとなった。このことは，様々な施設・事業形態ごとに設置運営の基準が存在しつつも，カリキュラムに関する基準が共通になったことを示している。

保育需要への量的な対応が求められているために設置・運営基準での一時的な緩和を行っている現在の状況についても，カリキュラムに関する基準があり，遊びを通しての環境による教育がその基本となる以上，遊び環境としての施設や設備等，空間的な課題はいずれ解決されなければならない。

## 2 施設・設備基準緩和の状況

都道府県別に認可保育所の敷地面積・建築面積・延べ床面積を比較した調査[1]では，東京都・神奈川県・大阪府・京都府・兵庫県等の大都市圏では建築面積に比して延べ床面積が大きくなっていることから複数階の施設が多く，屋外遊戯場の面積と一人あたり面積でも他地域よりも低い結果となっている。

保育所の施設面での認可基準を示している児童福祉施設最低基準では「保育室等の面積」の中に「屋外遊戯場」として2歳以上児1名あたり3.3 $m^2$と規定している。しかしながら，2001（平成13）年の厚生労働省通知[2]では「屋外遊戯場に代わるべき場所」について以下のような条件が示され，園庭がなくても公園等の遊び場が近くにあればよいということが明文化された。

> 当該公園，広場，寺社境内等については，必要な面積があり，屋外活動に当たって安全が確保され，かつ，保育所からの距離が日常的に幼児が使用できる程度で，移動に当たって安全が確保されていれば，必ずしも保育所と隣接する必要はない。
>
> 当該公園，広場，寺社境内等については，保育所関係者が所有権，地上権，賃借権等の権限を有するまでの必要はなく，所有権等を有する者が地方公共団体又は公共的団体の他，地域の実情に応じて信用力の高い主体等保育所による安定的かつ継続的な使用が確保されると認められる主体であれば足りる。

園庭と公園等の代替の遊び場との比較を行った調査[3]では，より多様で創造的・発展的な遊びが行われている園庭の優位性を明らかにする一方で，園庭をもたない保育施設であっても，隣接した複合施設・商業施設等の共用空間等，占有的に利用できる中間領域があることで，園庭機能の一部を代替できる場合があることも指摘されている。また，ビル屋上の園庭までエレベーターを用いるタイプと，保育室と園庭が同じ階に設置されているタイプの駅型保育所での比較を行った調査[4]では，独立園舎で園庭へのアクセスがしやすい施設だとしても，自由に遊ぶ時間が少ないと子どもの活動範囲は広がらなかったことが報告されている。さらに，複数の幼保連携型認定こども園での観察調査[5]では，早朝や夕方の合同保育等，時間帯による活動場所の移動に対して，生活拠点に隣接した余裕空間が遊びの連続性の確保には有効であることが指摘されている。

　ここで紹介したいくつかの調査研究は，おもに建築や都市計画の研究者によるアンケート調査や保育施設での観察による子どもの動線を分析したものであるが，拡大する保育需要に比して用地の確保が困難な大都市圏でも様々な工夫が行われており，乳幼児期の教育機能を十分に果たすために必要な遊び環境の広さやアクセス等，現在の保育をめぐる外的状況をとらえることができる。

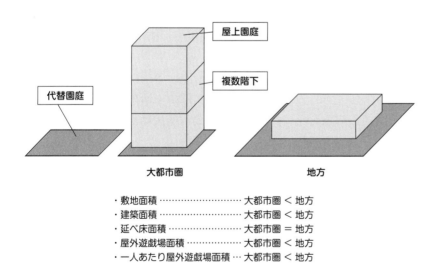

図7-2　敷地・建築面積等の大都市圏と地方の比較

第7章 領域「環境」の現代的課題

## 3 1970年代の指摘から

　乳幼児期の教育内容の課題として遊び環境の状況をとらえるためには，河邉[6]が指摘するように，遊び環境を「そこで発生する遊びの姿との関連」の中でとらえることが必要である。1970年代は幼稚園・保育所が各地で増えた時代であり，量的拡大という現在に似た状況があった。当時，塩川寿平が日本保育学会倉橋賞受賞論文「保育環境論――屋内保育施設に関する基本的考察」で，幼稚園・保育所の施設の基準について次のように述べている。

> （保育所について）
> ここでは，乳幼児の生活空間（広さ）・教材・教具・保健衛生・そして，災害時の安全の確認という点で最低基準が述べられている。注目すべきことは，保育内容の展開に必要な基準からの割り出しがかけている点である。たとえば，水遊び場等は，必ず設置すべきであるが入っていない。人格形成を積極的に進める保育展開という視点からこの最低基準は，大幅に手が加えられなければならない。なぜならば，現実には，この基準があたかも最高基準のごとくとりあつかわれているからである。
>
> （幼稚園について）
> 先に述べた保育所の最低基準に比較して，保育内容にそった具体的な屋内保育施設の準備が求められている。今後は，人格形成との関わりから，これらの使用結果の効果に関する研究が明確になされていかなければならない。もちろん，幼稚園設置基準とて最低の基準であり，今後の向上への努力がおしまれてはならない。（中略）山下敏郎・児玉省らの報告が教えるところは，実に痛哭である。現代の幼児の，運動的発達，情緒的発達，社会的発達のいずれもが一九五四年にくらべ，一九六九年の調査結果が劣るのである。わずかに，知的発達のみ優れている。幼児教育がこれほどまでに普及したにもかかわらずこの結果であった[7]。

　当時からすでに日本の保育施設の基準が，乳幼児期の教育内容の展開，つまりそこで発生する遊びとの関連への考慮が不十分なものとして指摘されていることが分かる。1970〜80年代に建てられた多くの保育

施設が40年以上を経過し，建て替え時期となっていた2011年に，ある幼稚園の園舎建て替えの設計を担当した安宅健太郎は次のように述べている。

> 旧園舎は一般的な園舎建築を踏襲したプランで，同じような教室が北側の廊下で結ばれ，ひとりの園児にとっては，自分の教室と遊戯室が主な活動領域となっていた。この幼稚園の教育の特徴を推し進めて考えれば，普段は集団を前提とした教室のまとまりを気にせずに，ひとりひとりの園児が園舎のすみずみまで自分のものとして遊びまわり，さまざまな環境に出会うような園舎をつくるべきだ，ということになった。各教室は園庭と裏庭の両方に面し，それぞれに空間的な特徴を持って並んでいる。家型の天井をしたおうちのようだったり，小屋に囲まれた庭のようだったり，一方的にすぼまったシアターのようだったりと，その形態も仕上げもさまざまである。（中略）ここでは，各教室は環境の差異として捉えられ，園児にとって活動の選択肢の豊富な，きっかけと発見に満ちた状況が作り出されている[8]。

まさに，塩川が指摘した視点からの努力が進められた例といえよう。

## 4 現在の保育空間の研究から

佐藤将之は，幼稚園と保育所の一体的運営を目指す「認定こども園」等，保育施設の多様化に伴った新しい空間の質について次のように述べている。

> このようにして変遷してきた保育施設では，保護者の就労の有無や就労の時間帯が子どもたちの施設滞在時間を決定する要因となっている。（中略）多様な滞在時間は，さまざまな人数規模の変化をつくる。特に幼稚園と保育所が一体的にできている施設や認定こども園では，幼稚園や保育所の単体よりも園全体の人数が多くなる。運営の効率や活動場面を設定するには，クラス単位やスタッフ人員配置を考慮した保育単位を考えることが求められ，その単位の組み合わせによる大小規模さまざまな活動に対応できる空間が必要となる[9]。

# 第7章 領域「環境」の現代的課題

　佐藤はさらに，遊びを連続させたり複数の場をつなげたり等の目的で，活動の場を一望できる場で立ち止まったり眺めたりする子どもの姿の観察から，空間において「環境を把握する・選択する」機能の重要性も指摘している。また，1970年代に塩川寿平が指摘したこと（「都市化と幼児」『幼児の教育』1971年5月号，46-55ページ）を踏まえたものと推察されるが，規模の問題を次のように指摘している。

> 昨今の待機児童問題に対応した保育所への詰め込みや経済的利益のために巨大な規模の幼稚園をつくると，子どもたちが高密度に多人数いることになる。一見，保育者が統制できる「一斉保育」がその諸問題を解決しているように見えることは非常に危険である。そのような施設では「自由保育」が謳われていてもその場所が非常に狭い領域で規定されていることすらある。（中略）人口の高密度化や施設の多人数化は，必要な空間の規模を大きくする。ともすれば，多人数でいる場をいかにつくるかに目が向けられがちである。しかし，ひとりでいられる場の意味を考えて設計したり，評価することも重要である[9]。

　今後さらに少子化が進行することで，それぞれの施設・事業での定員割れが生じ，需給調整が必要となることが予想される。需給調整段階では，質の高い教育・保育の実施を支える構造的な基準を高めることを含めた対応が求められる。

## 第2節 乳幼児期のカリキュラムの中核として「環境」をとらえる

　前節では，「特定教育・保育施設及び特定地域型保育事業の運営に関する基準」により，子ども・子育て支援制度における保育施設・事業では，形態ごとに設置運営の基準がそれぞれに存在しながらも，そこで実施される教育・保育の内容は共通化されたカリキュラムである「幼保連携型認定こども園教育・保育要領」「幼稚園教育要領」「保育所保育指針」に従わなければならないことが明文化されたことを示した。これらのカリキュラムの原型は1989（平成元）年の幼稚園教育要領にあるが，教育要領や保育指針が示しているような，遊びを中心とした教育・保育

が理解され実施されているとは考えられない個別の状況が，4分の1世紀にわたって散見され続けていることも事実である。本節では，遊びを中心とし環境を通して行う乳幼児期の教育を具体的に実施していくための，領域「環境」を中核としてICTを活用したアプローチを提案したい。

## 1 統合化されたカリキュラムをもつ諸外国から学ぶ

「子ども・子育て支援法」成立以降，現在の日本はそれまでの幼保二元体制から，消費税を安定財源として新幼保連携型認定こども園を中核に，重層的な保育施設・保育事業を展開しつつカリキュラムの基準での統合を目指す流れの中にあるといえる。経済開発協力機構（OECD）が提出している各国のECEC（Early Childhood Education and Care　幼児教育・保育）の質の課題に関する報告書[10]によると，これまでの日本のECECの質向上に関しては「資格・養成・労働条件の改善（Improving qualifications, training and working conditions）」が鍵となる政策ポリシーであったことが示されている（日本では従事者の80％以上が有資格者）。一方，日本との比較対象である統合化されたECECシステムをもつスウェーデンとニュージーランドでは「教育課程・基準の設計と実装（Designing and implementing curriculum and standards）」が鍵として示されている。このことは，日本におけるECECシステムの次の質向上の鍵となる政策がカリキュラムの修正にあることを予測させる。

スウェーデンではすべての保育事業を教育省と学校庁が所管し，1歳から5歳までを対象とした就学前学校を乳幼児期の教育体系の中心に位置づけ，統合されたナショナルカリキュラムを制定している。スウェーデンのECECの質の課題に関する報告書[11]では，カリキュラムの修正における一般的な課題として，①目標・内容の定義，②発達の連続性への考慮，③効果的な実施，④組織的な評価を挙げ，実際には，目標や内容を定義するための具体的なガイドライン・映像資料・評価のための観察技術等を示すとともに，ニュージーランド・ノルウェー・ポルトガルの実践を参照し，ECECカリキュラムと小学校カリキュラムとのはっきりとした連続性を示したことが報告されている。1998年に制定されたナショナルカリキュラムは，2010年の改訂により評価に関する項目が加えられ，ドキュメンテーション作成に基づいた具体的な方法が示されていることも大きな特徴である。

## 第7章 領域「環境」の現代的課題

　ニュージーランドもまた，統合化されたECECシステムをもつ国として OECD はとらえている[12]。これは，幼稚園・保育所・プレイセンター（親が中心となって運営）コハンガレオ（先住民マオリの保育施設）・家庭的保育・病院内保育等，多様な施設・事業が展開されているが，すべて教育省管轄として統合されているという意味である。すべての認可施設で，ナショナルカリキュラムである「テ・ファリキ」に基づいた教育・保育の実施と，アセスメントのための記録が義務づけられていることがその特徴といえる。また，ニュージーランドの実践ではアセスメントの手法としての Leaning Stories がよく知られている。

## 2 ドキュメンテーション作成の視点としての「環境」

　スウェーデンの就学前学校でのドキュメンテーションについて複数の施設へのインタビューを行った研究[13]では，ドキュメンテーションの対象の多くは子どもであるが，一部の保育者は個々の子どもよりも子どもたちのグループを対象と見なしていること，年長の子どもたちでは子ども自身が作成するドキュメントが含まれていることが報告されている。ニュージーランド教育省のウェブサイト「Kei Tua o te Pae - Assessment for Learning : Early Childhood Exemplars」には，Learning Stories の具体的な事例が多数アーカイブされており，電子化されたもの非電子化のものを含め，子どもの活動の様子の記述と写真，事後の子どもからの聞き取りや子ども自身が書き記したもの，保護者の声等が記録され，保育者による「Short-term review」「Teacher's voice」「What next」等の項目も書式として扱われていることが分かる。

　スウェーデンでは1つのクラスを3人の保育者によるチームで担当する形態が一般的で，保育者の資格としては3人のうち1人以上は学士レベルの教員資格が必要だが，その他は高卒程度の資格であり，ニュージーランドではプレイセンター・家庭的保育等，無資格の保育者が多い状況がある。そのような中で両国とも，保育の質を高めるためには評価・アセスメントにおける「記録」について具体的に示していく必要があったといえる。

　一方日本では，幼稚園教育指導資料として評価・アセスメントのための記録に関しての具体例集が文部科学省から刊行されており，どのような手順で記述するかについては以下のように示されている

①「まずは印象に残ったところから書き出してみる（印象に残った遊びの場面）→記憶がよみがえる（個々の子どもの動向・遊びごとのメンバー・環境の構成）」＋②「幼児の気持ちや経験，楽しんでいたこと」＋③「明日に向けての願いや援助について考える（個々の子どもへの思い・環境の構成）」[14]

　ところが，動画と静止画を撮影できるデジタルカメラやタブレット端末等を用いて記録した映像を用いたとしても「印象に残った場面として切り出すこと自体がむずかしい」というのが実践者の実感であろう。この場合，その日一日の静止画像や動画を時間の経過に沿ってサムネイル表示させながらそこから場面を取り出すための視点が必要なのである。

　ニュージーランドの Learning Stories では，テ・ファリキの原理に基づいた 5 つの視点（Taking an Interest［興味を示している］，Being Involved［熱心に関わっている］，Persisting with Difficulty［困難なことをやり通している］，Expressing an Idea or a Feeling［気持ちや考えを表現している］，Taking Responsibility［責任を引き受けている］）が示されている。これらは，保育者による，子どもが関わろうとしている対象への注目（子どもと保育者の共同注視）としてとらえることができる。つまり，子どもの視線が向いているその先を保育者もまた「共に並び見る」という視点に立つならば，日本の幼稚園教育指導資料の手順②「幼児の気持ちや経験，楽しんでいたこと」をより具体化させることが可能となる。たとえば，「どのような物や場に関わって楽しさを味わっていたのか」「どのような物や身体の様子・動きからイメージを受け取っていたのか」「どのような物を用いて考えや気持ちを表現していたのか」「物や場に関わりイメージしたものをつくり出すことで果たそうとしていた役割は何か」といったような視点である。まずは，この視点で一日を振り返ることを繰り返すことが必要である。

　子どもの視線が向いている対象（つまり身近な環境）への共同注視から始めることで，「物や場に対する自信の育ち（心身の健康，個の安定と自立の領域）」「物を媒介として言葉を用いて考える経験（言葉の獲得の領域）」「物を媒介としてイメージや思いを他者に伝えたり受け取ったりする経験（人との関わりの領域）」「物を媒介としてイメージしたことを新たな形に表現する経験（感性と表現の領域）」への関連性としても，とらえることがしやすくなるのである。

第7章 領域「環境」の現代的課題

## 3 ICTの活用

　タブレット端末の機能を用いることで，画像や動画を使って実践を記録することがひじょうに容易になっている。ニュージーランドのLearning Storiesに対応したタブレット端末用のアプリケーションもあるが，ニュージーランド国内での使用に限られ，保育記録にタブレット端末を活用している日本国内での先行事例では，写真・動画・音声を貼りつけられるノートアプリケーションを用いる場合が多いようである。

　タブレット端末で直接撮影するにはサイズの小さいものが扱いやすいが，ノートアプリケーションを使用する際にはサイズが小さいと扱いにくいので，通常のデジタルカメラにWi-Fi機能付きのSDメモリーカードを使用することで，撮影した写真や動画を無線で同期し，大きなタブレット端末やノートパソコン・デスクトップパソコンで文字データを扱うのがよいだろう。安価なデジタルカメラを複数台用意して保育中に子ども自身が撮影したものを，ドキュメンテーションとして用いる実践も増えているが，無線によって自動的にパソコン等に同期される機能は便利である。

　保育者が保育時間中に動画を撮影することはむずかしいが，据え置きでの撮影や短時間の活動を対象とするならば可能であろう。動画の場合は，保育の観察を目的として開発されたタブレット端末用アプリケーション[15]があり，動画から静止画を取り出したり，場面にアノテーション（注釈）をつけたりできるようになっている。一定間隔で自動的にサムネイル画像を表示する機能があるため，かつてのビデオテープのように頭からすべてを早回しで見なければならないということがない。外部カメラ撮影データの読み込みや，PDFデータへの書き出しにも対応している。その日の画像の一覧から先に挙げた視点で画像を選び出し，簡単な注釈をつけ，大きめのディスプレイ等でその日のうちに保護者が閲覧できるようにする程度ならば，かなり短い時間での対応が可能である。とはいえ，記録を充実させるためにはNon-Contact Time（子どもと直接関わらない時間）の確保が必要である。保育の質向上を支える構造的な条件として，空間の広さの問題と共にすべての関係者が力を合わせて取り組まなければならない課題の一つである。

## 4 子どもの姿を丹念にとらえること
### －保育者の重層的な視点のあり方－

夢中になって遊ぶ子どもたちと過ごしていると，行為の一つ一つに
その子の「今」が込められていると感じる。保育者に求められてい
るのは，それぞれの子どもが表していることを，しっかり受け止め
ることだと考える。

　園庭に落ちていた実を拾って水の入ったビニール袋に入れながら
A児（3歳児）は「きれいになれ，きれいになっちゃえ」とつぶや
いていた。ビニール袋を手に持ってぐるっと回ったりゆっくり回っ
たりしながら，袋の中の実の動きに注目している（写真5／写真省略・
引用者）。

　A児が味わっているのはどのようなことだろうか。じっと見る
こと，手の中にある大切なものの重みを感じること，自分が回転す
るのと同じリズムではずんだり回ったりする実の動きを体で味わう
こと，A児が味わっているのはそのようなことではないだろうか。
子どもの行為を丹念にとらえ，こうではないかああではないかと思
いをめぐらし，子どもが感じ取っていることを分かろうとする。思
いめぐらす行為を積み重ねることによって，幼児に向けるまなざし
を深めていくことが大切なのだと考える[16]。

　上記引用の出典は，3ページほどのエッセイに8葉のモノクロ写真が
付されている。環境をとらえようとする意図があったのだろうか，保育
環境における空間の奥行きをとらえる一方で，子どもの姿そのものに加
え子どもの視線のその先にある世界が見事にとらえられている。熟達し
た保育者の目とはかくも重層的なものかと感じさせる。PDFファイル
で公開されている[17]のでぜひ見て感じていただきたい。

# 第7章 領域「環境」の現代的課題

① 「遊環構造・ラーニングスルーランドスケープ・森の幼稚園・チルドレンズガーデン・キッズファーム」等をキーワードとして，「遊び環境」に関連した，心理学・社会学・建築学領域の調査研究，及び実践事例を調べ，屋外活動を充実させるための視点について考察しよう。

② 「レッジョインスパイア・保育ドキュメンテーション・経験の可視化」等をキーワードとして，レッジョ・エミリアの保育実践に影響を受けた，日本における保育のドキュメンテーションの実践事例について調べ，課題となっていることを明らかにしよう。

## 引用文献

1 全国社会福祉協議会「機能面に着目した保育所の環境・空間に係る研究事業総合報告書」2008 年，82-87 頁

2 「待機児童解消に向けた児童福祉施設最低基準に係る留意事項等について」平成 13 年 3 月 30 日雇児保第 11 号

3 小池孝子・定行まり子「都市部における保育施設の屋外保育環境について」『日本建築学会計画系論文集』（第 73 巻第 628 号），2008 年，1197-1204 頁

4 岩崎裕二ほか「駅型保育所における遊び環境に関する基礎的研究」『MERA Journal』（10 巻 1 号），2007 年，71 頁

5 樋沼綾子ほか「幼保一体型施設における活動場面展開の実態と園児のなじみの過程」『日本建築学会計画系論文集』（第 74 巻第 638 号）2009 年，771-779 頁

6 河邉貴子「園庭環境の再構築による幼児の遊びの新しい展開──ウッドデッキの新設をめぐって」『保育学研究』（44 巻 2 号），2006 年，235-245 頁

7 塩川寿平「保育環境論──屋内保育施設に関する基本的考察（その一）」『幼児の教育』（73 巻 10 号），1974 年，52-64 頁

8 安宅健太郎「狭山ひかり幼稚園」『新建築』（6 月号）2011 年，88 頁

9 佐藤将之「社会性を獲得できる空間づくり──就学前保育施設の新しい枠組みと空間の質」『新建築』（6 月号）2011 年，143-144 頁

10 Miho Taguma, Ineke Litjens and Kelly Makowiecki, Quality Matters in Early Childhood Education and Care: Japan 2012, OECD, 2012

11 Miho Taguma, Ineke Litjens and Kelly Makowiecki, Quality Matters in Early Childhood Education and Care: Sweden 2013, OECD, 2013

12 Miho Taguma, Ineke Litjens and Kelly Makowiecki, Quality Matters in Early Childhood Education and Care: NewZealand 2012, OECD, 2012

13 Ann-Christine Vallberg-Roth, "Different forms of assessment and documentation in Swedish preschools" in Nordic Early Childhood Education Research, vol. 5, 2012, pp1-18

14 文部科学省『指導と評価に生かす記録──幼稚園教育指導資料第 5 集』2013 年，23 頁

15 Tomohiro Uemura"CAVScene"
https://itunes.apple.com/us/app/cavscene/id814266369?mt=8

16 宮里暁美「子どもの多様な表現を保障する環境と保育者の在り方」『保育学研究』（51 巻 3 号）2013 年，464-467 頁

17 http://ci.nii.ac.jp/naid/110009686833

## 参考図書

◎ 文部科学省『幼稚園教育指導資料　第 3 集，第 5 集』2010 年，2013 年

◎ 白石淑江・水野恵子『スウェーデン保育の今──テーマ活動とドキュメンテーション』かもがわ出版，2013 年

## [執筆者紹介・分担] （掲載順，2021年11月現在）

**若月芳浩**（わかつき・よしひろ）＝編著者，第1章
玉川大学教育学部教授

**坂本喜一郎**（さかもと・きいちろう）＝第2章
RISSHO KID'S きらり岡本園長

**大井美緒**（おおい・みお）＝第3章
星美学園短期大学准教授

**佐藤馨一**（さとう・けいいち）＝第4章

**河合光利**（かわい・みつとし）＝第5章
東京福祉大学非常勤講師・玉川大学非常勤講師・玉幼稚園園長

**櫻井利昭**（さくらい・としあき）＝第6章
聖園幼稚園園長

**相馬靖明**（そうま・やすあき）＝第7章
東洋大学ライフデザイン学部非常勤講師

◆◆ Staff ◆◆
［編集協力］カラビナ　［カバー・本文デザイン］里山史子・松岡慎吾　［レイアウト・DTP］東光美術印刷　［校正］永須徹也